*Il seder è finito, ma la storia della nostra miracolosa
liberazione dall'Egitto resterà nei nostri discorsi e nelle
nostre menti finchè il sonno non prevarrà.*

*Andando a dormire e recitando lo "shemà al hamittà"
non chiederemo al Signore protezione come tutte le altre
sere.*

*Questa notte è la "leil shimurim", "la notte in cui si
osserva", la notte in cui tutte le nostre generazioni
osserveranno le mizvot per ricordare la liberazione; ma
anche la notte in cui Dio ci osserva, veglia su di noi.*

La Sua protezione la abbiamo già.

הַתִּקְוָה

כָּל עוֹד בַּלֵּבָב פְּנִימָה,

נֶפֶשׁ יְהוּדִי הוֹמִיָּה.

וּלְפַאֲתֵי מִזְרָח קָדִימָה

עַיִן לְצִיּוֹן צוֹפִיָּה.

עוֹד לֹא אָבְדָה תִּקְוָתֵנוּ,

הַתִּקְוָה בַּת שְׁנוֹת אַלְפַּיִם,

לִהְיוֹת עַם חָפְשִׁי בְּאַרְצֵנוּ,

אֶרֶץ צִיּוֹן וִירוּשָׁלַ.ִם.

Ha Tikvà

Fintanto che dentro i nostri cuori
anelerà un'anima ebraica,
e lontano, verso oriente,
verso Sion si volgerà lo sguardo,
non andrà persa la nostra speranza,
la speranza bimillenaria
**di essere un popolo libero nella nostra terra,
la terra di Sion e di Jerushalaim.**

2

נרצה

חֲסַל סִדּוּר פֶּסַח כְּהִלְכָתוֹ

כְּכָל־מִשְׁפָּטוֹ וְחֻקָתוֹ:

כַּאֲשֶׁר זָכִינוּ לְסַדֵּר אוֹתוֹ

כֵּן נִזְכֶּה לַעֲשׂוֹתוֹ:

זָךְ שׁוֹכֵן מְעוֹנָה

קוֹמֵם קְהַל מִי מָנָה:

קָרֵב נַהֵל נִטְעֵי כַנָּה

פְּדוּיִם לְצִיּוֹן בְּרִנָּה:

Sono terminati i riti di Pesah secondo le loro regole

le loro norme e le loro leggi.

Come abbiamo avuto il merito di eseguirli con ordine,

così ci sia concesso il merito di fare il sacrificio vero e
proprio.

Puro abitante dei Cieli

fa risorgere il popolo innumerevole

riporta i germogli della tua pianta

redenti a Sion, nella gioia.

לְשָׁנָה הַבָּאָה בִּירוּשָׁלַ.ם

L'anno prossimo a Jerushalaim!

Un capretto,

un capretto che comprò mio padre per due scudè. Allu caprè! Allu caprè!

E venne una gatta che si mangiò il capretto che comprò mio padre per due scudè. Allu caprè! Allu caprè!

E venne un cane che morsicò la gatta che si mangiò il capretto che comprò mio padre per due scudè. Allu caprè! Allu caprè!

E venne un bastone che bastonò il cane che morsicò la gatta che si mangiò il capretto che comprò mio padre per due scudè. Allu caprè! Allu caprè!

E venne il fuoco che abbruciò il bastone che bastonò il cane che morsicò la gatta che si mangiò il capretto che comprò mio padre per due scudè. Allu caprè! Allu caprè!

E venne l'acqua che spense il fuoco che abbruciò il bastone che bastonò il cane che morsicò la gatta che si mangiò il capretto che comprò mio padre per due scudè. Allu caprè! Allu caprè!

E venne il bove che si bevve l'acqua che spense il fuoco che abbruciò il bastone che bastonò il cane che morsicò la gatta che si mangiò il capretto che comprò mio padre per due scudè. Allu caprè! Allu caprè!

E venne lo shohet che shahtò il bove che si bevve l'acqua che spense il fuoco che abbruciò il bastone che bastonò il cane che morsicò la gatta che si mangiò il capretto che comprò mio padre per due scudè. Allu caprè! Allu caprè!

E venne il Malah hamavet che shahtò il shohet che shahtò il bove che si bevve l'acqua che spense il fuoco che abbruciò il bastone che bastonò il cane che morsicò la gatta che si mangiò il capretto che comprò mio padre per due scudè. Allu caprè! Allu caprè!

E venne **Kadosh Baruhù** che shahtò il Malah hamavet che shahtò il shohet che shahtò il bove che si bevve l'acqua che spense il fuoco che abbruciò il bastone che bastonò il cane che morsicò la gatta che si mangiò il capretto che comprò mio padre per due scudè.

Allu caprè! Allu caprè!

וְאָתָא חוּטְרָא- דְּהִכָּה לְכַלְבָּא- דְּנָשַׁךְ לְשׁוּנְרָא- דְּאָכַל לְגַדְיָא-
דְּזַבֵּן אַבָּא בִּתְרֵי זוּזֵי- חַד גַּדְיָא חַד גַּדְיָא:

וְאָתָא נוּרָה- דְּשָׂרַף לְחוּטְרָא- דְּהִכָּה לְכַלְבָּא- דְּנָשַׁךְ לְשׁוּנְרָא-
דְּאָכַל לְגַדְיָא- דְּזַבֵּן אַבָּא בִּתְרֵי זוּזֵי- חַד גַּדְיָא חַד גַּדְיָא:

וְאָתָא מַיָּא- דְּכָבָה לְנוּרָה- דְּשָׂרַף לְחוּטְרָא- דְּהִכָּה לְכַלְבָּא-
דְּנָשַׁךְ לְשׁוּנְרָא- דְּאָכַל לְגַדְיָא- דְּזַבֵּן אַבָּא בִּתְרֵי זוּזֵי- חַד גַּדְיָא
חַד גַּדְיָא:

וְאָתָא תוֹרָא- דְּשָׁתָה לְמַיָּא- דְּכָבָה לְנוּרָה- דְּשָׂרַף לְחוּטְרָא-
דְּהִכָּה לְכַלְבָּא- דְּנָשַׁךְ לְשׁוּנְרָא- דְּאָכַל לְגַדְיָא- דְּזַבֵּן אַבָּא בִּתְרֵי
זוּזֵי- חַד גַּדְיָא חַד גַּדְיָא:

וְאָתָא הַשׁוֹחֵט- דְּשָׁחַט לְתוֹרָא- דְּשָׁתָה לְמַיָּא- דְּכָבָה לְנוּרָה-
דְּשָׂרַף לְחוּטְרָא- דְּהִכָּה לְכַלְבָּא- דְּנָשַׁךְ לְשׁוּנְרָא- דְּאָכַל לְגַדְיָא-
דְּזַבֵּן אַבָּא בִּתְרֵי זוּזֵי- חַד גַּדְיָא חַד גַּדְיָא:

וְאָתָא מַלְאַךְ הַמָּוֶת- דְּשָׁחַט לְשׁוֹחֵט- דְּשָׁחַט לְתוֹרָא- דְּשָׁתָה
לְמַיָּא- דְּכָבָה לְנוּרָה- דְּשָׂרַף לְחוּטְרָא- דְּהִכָּה לְכַלְבָּא- דְּנָשַׁךְ
לְשׁוּנְרָא- דְּאָכַל לְגַדְיָא- דְּזַבֵּן אַבָּא בִּתְרֵי זוּזֵי- חַד גַּדְיָא חַד
גַּדְיָא:

וְאָתָא הַקָּדוֹשׁ בָּרוּךְ הוּא- וְשָׁחַט לְמַלְאַךְ הַמָּוֶת- דְּשָׁחַט
לְשׁוֹחֵט- דְּשָׁחַט לְתוֹרָא- דְּשָׁתָה לְמַיָּא- דְּכָבָה לְנוּרָה- דְּשָׂרַף
לְחוּטְרָא- דְּהִכָּה לְכַלְבָּא- דְּנָשַׁךְ לְשׁוּנְרָא- דְּאָכַל לְגַדְיָא- דְּזַבֵּן
אַבָּא בִּתְרֵי זוּזֵי-

חַד גַּדְיָא חַד גַּדְיָא:

*Il canto tradizionale del "capretto", o meglio dell'unico
capretto secondo il testo aramaico, aggiunto
all'Haggadà nel medioevo, nella sua apparente
semplicità nasconde profondi significati che i nostri
maestri non hanno mancato di esplorare.*

Una interpretazione è questa:

*Il canto illustra la storia del popolo di Israele, "l'unico
capretto" che Dio, "il Padre" ha scelto per Se.*

*Lo ha acquistato con le due Tavole della Legge, "i due
scudè".*

*Gli animali, gli oggetti e le persone che si succedono e
si divorano l'un l'altro sono i popoli e le nazioni che
hanno soggiogato ed oppresso Israele nel corso della
sua storia.*

*Alla fine però, il Santo, Benedetto Egli sia, porterà la
redenzione finale al Suo amato ed unico capretto che,
solo tra tutte le nazioni, ha accettato la Sua Torà.*

(The Haggadah Treasury, Mesorah)

quattro le madri di Israel, Sarà, Rivkà, Rachele e Leà, tre
i padri nostri sono, Abramo, Isacco e Iaakov, due le
tavole della Legge,
Uno è Dio che in cielo è. Uno fu ed uno è.

Dieci chi sa? Dieci io lo so. Dieci sono i comandamenti,
nove i mesi della partoriente, otto i giorni della milà,
sette i giorni con lo shabbat, sei i libri della Mishnà,
cinque i libri della Torà, quattro le madri di Israel, Sarà,
Rivkà, Rachele e Leà, tre i padri nostri sono, Abramo,
Isacco e Iaakov, due le tavole della Legge,
Uno è Dio che in cielo è. Uno fu ed uno è.

Undici chi sa? Undici io lo so. Undici sono i cohavim,
dieci sono i comandamenti, nove i mesi della
partoriente, otto i giorni della milà, sette i giorni con lo
shabbat, sei i libri della Mishnà, cinque i libri della Torà,
quattro le madri di Israel, Sarà, Rivkà, Rachele e Leà, tre
i padri nostri sono, Abramo, Isacco e Iaakov, due le
tavole della Legge,
Uno è Dio che in cielo è. Uno fu ed uno è.

Dodici chi sa? Dodici io lo so. Dodici sono le tribù,
undici sono i cohavim, dieci sono i comandamenti, nove
i mesi della partoriente, otto i giorni della milà, sette i
giorni con lo shabbat, sei i libri della Mishnà, cinque i
libri della Torà, quattro le madri di Israel, Sarà, Rivkà,
Rachele e Leà, tre i padri nostri sono, Abramo, Isacco e
Iaakov, due le tavole della Legge,
Uno è Dio che in cielo è. Uno fu ed uno è.

Tredici chi sa? Tredici io lo so. Tredici sono gli
attributi, dodici sono le tribù, undici sono i cohavim,
dieci sono i comandamenti, nove i mesi della
partoriente, otto i giorni della milà, sette i giorni con lo
shabbat, sei i libri della Mishnà, cinque i libri della Torà,
quattro le madri di Israel, Sarà, Rivkà, Rachele e Leà, tre
i padri nostri sono, Abramo, Isacco e Iaakov, due le
tavole della Legge,

Uno è Dio che in cielo è.

Uno fu ed uno è.

חַד גַּדְיָא

Un capretto...

חַד גַּדְיָא חַד גַּדְיָא דְּזַבִּן אַבָּא בִּתְרֵי זוּזֵי- חַד גַּדְיָא חַד גַּדְיָא:

וְאָתָא שׁוּנְרָא- דְּאָכַל לְגַּדְיָא- דְּזַבִּן אַבָּא בִּתְרֵי זוּזֵי- חַד גַּדְיָא
חַד גַּדְיָא:
וְאָתָא כַלְבָּא- דְּנָשַׁךְ לְשׁוּנְרָא- דְּאָכַל לְגַּדְיָא- דְּזַבִּן אַבָּא בִּתְרֵי
זוּזֵי- חַד גַּדְיָא חַד גַּדְיָא:

6

Sette, aver osservato il Sabato anche in Egitto. Otto, aver sempre praticato la milà. Nove, aver procreato, nonostante tutto. Dieci, il rispetto dei Dieci Comandamenti. Undici, il merito degli undici figli di Giacobbe che mantennero i loro nomi e non si assimilarono in Egitto. Dodici, il merito delle tribù che restarono un solo popolo. Infine, tredici: oggi invocando i tredici Attributi di Dio possiamo sperare nella venuta del Masciah e nella redenzione finale.

Uno chi sa?

Uno chi sa? Uno io lo so. Uno è Dio che in cielo è. Uno fu ed uno è.

Due chi sa? Due io lo so. Due le tavole della Legge, Uno è Dio che in cielo è. Uno fu ed uno è.

Tre chi sa? Tre io lo so. Tre i padri nostri sono, Abramo, Isacco e Iaakov, due le tavole della Legge, Uno è Dio che in cielo è. Uno fu ed uno è.

Quattro chi sa? Quattro io lo so. Quattro le madri di Israel, Sarà, Rivkà, Rachele e Leà, tre i padri nostri sono, Abramo, Isacco e Iaakov, due le tavole della Legge, Uno è Dio che in cielo è. Uno fu ed uno è.

Cinque chi sa? Cinque io lo so. Cinque i libri della Torà, quattro le madri di Israel, Sarà, Rivkà, Rachele e Leà, tre i padri nostri sono, Abramo, Isacco e Iaakov, due le tavole della Legge, Uno è Dio che in cielo è. Uno fu ed uno è.

Sei chi sa? Sei io lo so. Sei i libri della Mishnà, cinque i libri della Torà, quattro le madri di Israel, Sarà, Rivkà, Rachele e Leà, tre i padri nostri sono, Abramo, Isacco e Iaakov, due le tavole della Legge, Uno è Dio che in cielo è. Uno fu ed uno è.

Sette chi sa? Sette io lo so. Sette i giorni con lo shabbat, sei i libri della Mishnà, cinque i libri della Torà, quattro le madri di Israel, Sarà, Rivkà, Rachele e Leà, tre i padri nostri sono, Abramo, Isacco e Iaakov, due le tavole della Legge, Uno è Dio che in cielo è. Uno fu ed uno è.

Otto chi sa? Otto io lo so. Otto i giorni della milà, sette i giorni con lo shabbat, sei i libri della Mishnà, cinque i libri della Torà, quattro le madri di Israel, Sarà, Rivkà, Rachele e Leà, tre i padri nostri sono, Abramo, Isacco e Iaakov, due le tavole della Legge, Uno è Dio che in cielo è. Uno fu ed uno è.

Nove chi sa? Nove io lo so. Nove i mesi della partoriente, otto i giorni della milà, sette i giorni con lo shabbat, sei i libri della Mishnà, cinque i libri della Torà,

שֶׁבַּשָּׁמַיִם וּבָאָרֶץ:

עֲשָׂרָה מִי יוֹדֵעַ

עֲשָׂרָה אֲנִי יוֹדֵעַ- עֲשָׂרָה דִּבְּרַיָּא- תִּשְׁעָה יַרְחֵי לֵידָה- שְׁמוֹנָה יְמֵי מִילָה- שִׁבְעָה יְמֵי שַׁבְּתָא- שִׁשָּׁה סִדְרֵי מִשְׁנָה- חֲמִשָּׁה חוּמְשֵׁי תוֹרָה- אַרְבַּע אִמָּהוֹת- שְׁלֹשָׁה אָבוֹת- שְׁנֵי לֻחוֹת הַבְּרִית- אֶחָד אֱלֹהֵינוּ שֶׁבַּשָּׁמַיִם וּבָאָרֶץ:

אַחַד עָשָׂר מִי יוֹדֵעַ

אַחַד עָשָׂר אֲנִי יוֹדֵעַ- אַחַד עָשָׂר כּוֹכְבַיָּא- עֲשָׂרָה דִּבְּרַיָּא- תִּשְׁעָה יַרְחֵי לֵידָה- שְׁמוֹנָה יְמֵי מִילָה- שִׁבְעָה יְמֵי שַׁבְּתָא- שִׁשָּׁה סִדְרֵי מִשְׁנָה- חֲמִשָּׁה חוּמְשֵׁי תוֹרָה- אַרְבַּע אִמָּהוֹת- שְׁלֹשָׁה אָבוֹת- שְׁנֵי לֻחוֹת הַבְּרִית- אֶחָד אֱלֹהֵינוּ שֶׁבַּשָּׁמַיִם וּבָאָרֶץ:

שְׁנֵים עָשָׂר מִי יוֹדֵעַ

שְׁנֵים עָשָׂר אֲנִי יוֹדֵעַ- שְׁנֵים עָשָׂר שִׁבְטַיָּא- אַחַד עָשָׂר כּוֹכְבַיָּא- עֲשָׂרָה דִּבְּרַיָּא- תִּשְׁעָה יַרְחֵי לֵידָה- שְׁמוֹנָה יְמֵי מִילָה- שִׁבְעָה יְמֵי שַׁבְּתָא- שִׁשָּׁה סִדְרֵי מִשְׁנָה- חֲמִשָּׁה חוּמְשֵׁי תוֹרָה- אַרְבַּע אִמָּהוֹת- שְׁלֹשָׁה אָבוֹת- שְׁנֵי לֻחוֹת הַבְּרִית- אֶחָד אֱלֹהֵינוּ שֶׁבַּשָּׁמַיִם וּבָאָרֶץ:

שְׁלֹשָׁה עָשָׂר מִי יוֹדֵעַ

שְׁלֹשָׁה עָשָׂר אֲנִי יוֹדֵעַ- שְׁלֹשָׁה עָשָׂר מִדַּיָּא- שְׁנֵים עָשָׂר שִׁבְטַיָּא- אַחַד עָשָׂר כּוֹכְבַיָּא- עֲשָׂרָה דִּבְּרַיָּא- תִּשְׁעָה יַרְחֵי לֵידָה- שְׁמוֹנָה יְמֵי מִילָה- שִׁבְעָה יְמֵי שַׁבְּתָא- שִׁשָּׁה סִדְרֵי מִשְׁנָה- חֲמִשָּׁה חוּמְשֵׁי תוֹרָה- אַרְבַּע אִמָּהוֹת- שְׁלֹשָׁה אָבוֹת- שְׁנֵי לֻחוֹת הַבְּרִית-

אֶחָד אֱלֹהֵינוּ שֶׁבַּשָּׁמַיִם וּבָאָרֶץ:

Gli ultimi due canti, "Uno chi sa" ed "il Capretto", attesi e pregustati dai bambini di tante generazioni, probabilmente sono stati collocati qui, quasi al termine della serata, proprio per tenerli svegli nell'attesa...

In "Uno chi sa" l'elemento giocoso della filastrocca dal ritmo sempre più rapido è unito ad una gradevole funzione educativa per i più piccoli che apprendono e memorizzano le risposte ai tredici indovinelli.

I maestri, superando la semplice apparenza, vedono in questo canto una elencazione dei meriti passati e futuri che permisero la liberazione dei nostri padri: Uno, la fede in Dio. Due, l'accettazione delle tavole della legge. Tre, l'accettazione dell'eredità spirituale dei patriarchi. Quattro, i meriti delle donne che mantennero salda la famiglia anche in condizioni di schiavitù. Cinque, aver accolto la Torà e applicato le sue leggi. Sei, aver accolto la Torà orale (Mishnà) e applicato le sue leggi.

8

בְּקָרוֹב- בִּמְהֵרָה- בִּמְהֵרָה- בְּיָמֵינוּ בְּקָרוֹב- אֵל בְּנֵה- אֵל בְּנֵה- בְּנֵה בֵיתְךָ בְּקָרוֹב:

קָדוֹשׁ הוּא- רַחוּם הוּא- שַׁדַּי הוּא- תַּקִּיף הוּא- יִבְנֶה בֵיתוֹ בְּקָרוֹב- בִּמְהֵרָה- בִּמְהֵרָה- בְּיָמֵינוּ בְּקָרוֹב- אֵל בְּנֵה- אֵל בְּנֵה- בְּנֵה בֵיתְךָ בְּקָרוֹב:

אֶחָד מִי יוֹדֵעַ

אֶחָד מִי יוֹדֵעַ

אֶחָד אֲנִי יוֹדֵעַ- אֶחָד אֱלֹהֵינוּ שֶׁבַּשָּׁמַיִם וּבָאָרֶץ:

שְׁנַיִם מִי יוֹדֵעַ

שְׁנַיִם אֲנִי יוֹדֵעַ- שְׁנֵי לֻחוֹת הַבְּרִית- אֶחָד אֱלֹהֵינוּ שֶׁבַּשָּׁמַיִם וּבָאָרֶץ:

שְׁלֹשָׁה מִי יוֹדֵעַ

שְׁלֹשָׁה אֲנִי יוֹדֵעַ- שְׁלֹשָׁה אָבוֹת- שְׁנֵי לֻחוֹת הַבְּרִית- אֶחָד אֱלֹהֵינוּ שֶׁבַּשָּׁמַיִם וּבָאָרֶץ:

אַרְבַּע מִי יוֹדֵעַ

אַרְבַּע אֲנִי יוֹדֵעַ- אַרְבַּע אִמָּהוֹת- שְׁלֹשָׁה אָבוֹת- שְׁנֵי לֻחוֹת הַבְּרִית- אֶחָד אֱלֹהֵינוּ שֶׁבַּשָּׁמַיִם וּבָאָרֶץ:

חֲמִשָּׁה מִי יוֹדֵעַ

חֲמִשָּׁה אֲנִי יוֹדֵעַ- חֲמִשָּׁה חוּמְשֵׁי תוֹרָה- אַרְבַּע אִמָּהוֹת- שְׁלֹשָׁה אָבוֹת- שְׁנֵי לֻחוֹת הַבְּרִית- אֶחָד אֱלֹהֵינוּ שֶׁבַּשָּׁמַיִם וּבָאָרֶץ:

שִׁשָּׁה מִי יוֹדֵעַ

שִׁשָּׁה אֲנִי יוֹדֵעַ- שִׁשָּׁה סִדְרֵי מִשְׁנָה- חֲמִשָּׁה חוּמְשֵׁי תוֹרָה- אַרְבַּע אִמָּהוֹת- שְׁלֹשָׁה אָבוֹת- שְׁנֵי לֻחוֹת הַבְּרִית- אֶחָד אֱלֹהֵינוּ שֶׁבַּשָּׁמַיִם וּבָאָרֶץ:

שִׁבְעָה מִי יוֹדֵעַ

שִׁבְעָה אֲנִי יוֹדֵעַ- שִׁבְעָה יְמֵי שַׁבַּתָּא- שִׁשָּׁה סִדְרֵי מִשְׁנָה- חֲמִשָּׁה חוּמְשֵׁי תוֹרָה- אַרְבַּע אִמָּהוֹת- שְׁלֹשָׁה אָבוֹת- שְׁנֵי לֻחוֹת הַבְּרִית- אֶחָד אֱלֹהֵינוּ שֶׁבַּשָּׁמַיִם וּבָאָרֶץ:

שְׁמוֹנָה מִי יוֹדֵעַ

שְׁמוֹנָה אֲנִי יוֹדֵעַ- שְׁמוֹנָה יְמֵי מִילָה- שִׁבְעָה יְמֵי שַׁבַּתָּא- שִׁשָּׁה סִדְרֵי מִשְׁנָה- חֲמִשָּׁה חוּמְשֵׁי תוֹרָה- אַרְבַּע אִמָּהוֹת- שְׁלֹשָׁה אָבוֹת- שְׁנֵי לֻחוֹת הַבְּרִית- אֶחָד אֱלֹהֵינוּ שֶׁבַּשָּׁמַיִם וּבָאָרֶץ:

תִּשְׁעָה מִי יוֹדֵעַ

תִּשְׁעָה אֲנִי יוֹדֵעַ- תִּשְׁעָה יַרְחֵי לֵידָה- שְׁמוֹנָה יְמֵי מִילָה- שִׁבְעָה יְמֵי שַׁבַּתָּא- שִׁשָּׁה סִדְרֵי מִשְׁנָה- חֲמִשָּׁה חוּמְשֵׁי תוֹרָה- אַרְבַּע אִמָּהוֹת- שְׁלֹשָׁה אָבוֹת- שְׁנֵי לֻחוֹת הַבְּרִית- אֶחָד אֱלֹהֵינוּ

Per entrambe le sere:

כִּי לוֹ נָאֶה כִּי לוֹ יָאֶה:

אַדִּיר בִּמְלוּכָה ־ בָּחוּר כַּהֲלָכָה ־ גְּדוּדָיו יֹאמְרוּ לוֹ ־ לְךָ וּלְךָ ־
לְךָ כִּי לְךָ ־ לְךָ אַף לְךָ ־ לְךָ יְיָ הַמַּמְלָכָה:
כִּי לוֹ נָאֶה כִּי לוֹ יָאֶה:

דָּגוּל בִּמְלוּכָה ־ הָדוּר כַּהֲלָכָה ־ וָתִיקָיו יֹאמְרוּ לוֹ ־ לְךָ וּלְךָ ־
לְךָ כִּי לְךָ ־ לְךָ אַף לְךָ ־ לְךָ יְיָ הַמַּמְלָכָה:
כִּי לוֹ נָאֶה כִּי לוֹ יָאֶה:

זַכַּאי בִּמְלוּכָה ־ חָסִין כַּהֲלָכָה ־ טַפְסְרָיו יֹאמְרוּ לוֹ ־ לְךָ וּלְךָ ־
לְךָ כִּי לְךָ ־ לְךָ אַף לְךָ ־ לְךָ יְיָ הַמַּמְלָכָה:
כִּי לוֹ נָאֶה כִּי לוֹ יָאֶה:

יָחִיד בִּמְלוּכָה ־ כַּבִּיר כַּהֲלָכָה ־ לִמּוּדָיו יֹאמְרוּ לוֹ ־ לְךָ וּלְךָ ־
לְךָ כִּי לְךָ ־ לְךָ אַף לְךָ ־ לְךָ יְיָ הַמַּמְלָכָה:
כִּי לוֹ נָאֶה כִּי לוֹ יָאֶה:

מָרוֹם בִּמְלוּכָה ־ נוֹרָא כַּהֲלָכָה ־ סְבִיבָיו יֹאמְרוּ לוֹ ־ לְךָ וּלְךָ ־
לְךָ כִּי לְךָ ־ לְךָ אַף לְךָ ־ לְךָ יְיָ הַמַּמְלָכָה:
כִּי לוֹ נָאֶה כִּי לוֹ יָאֶה:

עָנָיו בִּמְלוּכָה ־ פּוֹדֶה כַּהֲלָכָה ־ צַדִּיקָיו יֹאמְרוּ לוֹ ־ לְךָ וּלְךָ ־ לְךָ
כִּי לְךָ ־ לְךָ אַף לְךָ ־ לְךָ יְיָ הַמַּמְלָכָה:
כִּי לוֹ נָאֶה כִּי לוֹ יָאֶה:

קָדוֹשׁ בִּמְלוּכָה ־ רַחוּם כַּהֲלָכָה ־ שִׁנְאַנָּיו יֹאמְרוּ לוֹ ־ לְךָ וּלְךָ ־
לְךָ כִּי לְךָ ־ לְךָ אַף לְךָ ־ לְךָ יְיָ הַמַּמְלָכָה:
כִּי לוֹ נָאֶה כִּי לוֹ יָאֶה:

תַּקִּיף בִּמְלוּכָה ־ תּוֹמֵךְ כַּהֲלָכָה ־ תְּמִימָיו יֹאמְרוּ לוֹ ־ לְךָ וּלְךָ ־
לְךָ כִּי לְךָ ־ לְךָ אַף לְךָ ־ לְךָ יְיָ הַמַּמְלָכָה:

כִּי לוֹ נָאֶה כִּי לוֹ יָאֶה:

אַדִּיר הוּא

אַדִּיר הוּא ־ יִבְנֶה בֵיתוֹ בְּקָרוֹב ־ בִּמְהֵרָה ־ בְּיָמֵינוּ
בְּקָרוֹב ־ אֵל בְּנֵה ־ אֵל בְּנֵה ־ בְּנֵה בֵיתְךָ בְּקָרוֹב:

בָּחוּר הוּא ־ יִבְנֶה בֵיתוֹ בְּקָרוֹב ־ בִּמְהֵרָה ־ בְּיָמֵינוּ
בְּקָרוֹב ־ אֵל בְּנֵה ־ אֵל בְּנֵה ־ בְּנֵה בֵיתְךָ בְּקָרוֹב:

גָּדוֹל הוּא ־ דָּגוּל הוּא ־ יִבְנֶה בֵיתוֹ בְּקָרוֹב ־ בִּמְהֵרָה ־
בְּיָמֵינוּ בְּקָרוֹב ־ אֵל בְּנֵה ־ אֵל בְּנֵה ־ בְּנֵה בֵיתְךָ בְּקָרוֹב:

הָדוּר הוּא ־ וָתִיק הוּא ־ זַכַּאי הוּא ־ חָסִיד הוּא ־ יִבְנֶה בֵיתוֹ
בְּקָרוֹב ־ בִּמְהֵרָה ־ בְּיָמֵינוּ בְּקָרוֹב ־ אֵל בְּנֵה ־ אֵל בְּנֵה ־
בְּנֵה בֵיתְךָ בְּקָרוֹב:

טָהוֹר הוּא ־ יָחִיד הוּא ־ כַּבִּיר הוּא ־ לָמוּד הוּא ־ מֶלֶךְ הוּא ־ נָאוֹר
הוּא ־ סַגִּיב הוּא ־ עִזּוּז הוּא ־ פּוֹדֶה הוּא ־ צַדִּיק הוּא ־ יִבְנֶה בֵיתוֹ

10

תָּאִיר כְּאוֹר יוֹם חֶשְׁכַּת לַיְלָה:

וַיְהִי בַּחֲצִי הַלַּיְלָה:

Per la seconda sera:

וּבְכֵן וַאֲמַרְתֶּם זֶבַח פֶּסַח:

אֹמֶץ גְּבוּרוֹתֶיךָ הִפְלֵאתָ בַּפֶּסַח:

בְּרֹאשׁ כָּל מוֹעֲדוֹת נִשֵּׂאתָ פֶּסַח:

גִּלִּיתָ לְאֶזְרָחִי חֲצוֹת לֵיל פֶּסַח:

וַאֲמַרְתֶּם זֶבַח פֶּסַח:

דְּלָתָיו דָּפַקְתָּ כְּחוֹם הַיּוֹם בַּפֶּסַח:

הִסְעִיד נוֹצְצִים עֻגוֹת מַצּוֹת בַּפֶּסַח:

וְאֶל הַבָּקָר רָץ זֵכֶר לְשׁוֹר עֵרֶךְ פֶּסַח:

וַאֲמַרְתֶּם זֶבַח פֶּסַח:

זוֹעֲמוּ סְדוֹמִים וְלוֹהֲטוּ בָּאֵשׁ פֶּסַח:

חֻלַּץ לוֹט מֵהֶם וּמַצּוֹת אָפָה בְּקֵץ פֶּסַח:

טִאטֵאתָ אַדְמַת מוֹף וְנוֹף בְּעָבְרְךָ בַּפֶּסַח:

וַאֲמַרְתֶּם זֶבַח פֶּסַח:

יָהּ רֹאשׁ כָּל אוֹן מָחַצְתָּ בְּלֵיל שִׁמּוּר פֶּסַח:

כַּבִּיר עַל בֵּן בְּכוֹר פָּסַחְתָּ בְּדַם פֶּסַח:

לְבִלְתִּי תֵּת מַשְׁחִית לָבֹא בִּפְתָחַי בַּפֶּסַח:

וַאֲמַרְתֶּם זֶבַח פֶּסַח:

מְסֻגֶּרֶת סֻגָּרָה בְּעִתּוֹתֵי פֶּסַח:

נִשְׁמְגְדָה מִדְיָן בִּצְלִיל שְׂעוֹרֵי עֹמֶר פֶּסַח:

שׂוֹרְפוּ מִשְׁמַנֵּי פּוּל וְלוּד בִּיקַד יְקוֹד פֶּסַח:

וַאֲמַרְתֶּם זֶבַח פֶּסַח:

עוֹד הַיּוֹם בְּנֹב לַעֲמֹד עַד גָּעָה עוֹנַת פֶּסַח:

פַּס יָד כָּתְבָה לְקַעֲקֵעַ צוּל בַּפֶּסַח:

צָפֹה הַצָּפִית עָרוֹךְ הַשֻּׁלְחָן בַּפֶּסַח:

וַאֲמַרְתֶּם זֶבַח פֶּסַח:

קָהָל כִּנְּסָה הֲדַסָּה צוֹם לְשַׁלֵּשׁ בַּפֶּסַח:

רֹאשׁ מִבֵּית רָשָׁע מָחַצְתָּ בְּעֵץ חֲמִשִּׁים בַּפֶּסַח:

שְׁתֵּי אֵלֶּה רֶגַע תָּבִיא לְעוּצִית בַּפֶּסַח:

תָּעֹז יָדְךָ וְתָרוּם יְמִינְךָ כְּלֵיל הִתְקַדֶּשׁ חַג פֶּסַח:

וַאֲמַרְתֶּם זֶבַח פֶּסַח:

פּוֹטִים לְאַחַר הַהַגָּדָה

Canti che seguono la lettura dell'Haggadà

Per la prima sera:

וּבְכֵן וַיְהִי בַּחֲצִי הַלַּיְלָה:

בַּלַּיְלָה:	אָז רוֹב נִסִּים הִפְלֵאתָ
הַלַּיְלָה:	בְּרֹאשׁ אַשְׁמוּרוֹת זֶה
לַיְלָה:	גֵּר צֶדֶק נִצַּחְתּוֹ כְּנֶחֱלַק לוֹ
וַיְהִי בַּחֲצִי הַלַּיְלָה:	

הַלַּיְלָה:	דַּנְתָּ מֶלֶךְ גְּרָר בַּחֲלוֹם
לַיְלָה:	הִפְחַדְתָּ אֲרַמִּי בְּאֶמֶשׁ
לַיְלָה:	וַיָּשַׂר יִשְׂרָאֵל לְאֵל וַיּוּכַל לוֹ
וַיְהִי בַּחֲצִי הַלַּיְלָה:	

הַלַּיְלָה:	זֶרַע בְּכוֹרֵי פַתְרוֹס מָחַצְתָּ בַּחֲצִי
בַּלַּיְלָה:	חֵילָם לֹא מָצְאוּ בְּקוּמָם
לַיְלָה:	טִיסַת נְגִיד חֲרוֹשֶׁת סִלִּיתָ בְּכוֹכְבֵי
וַיְהִי בַּחֲצִי הַלַּיְלָה:	

בַּלַּיְלָה:	יָעַץ מְחָרֵף לְנוֹפֵף אַוּוּי הוֹבַשְׁתָּ פְּגָרָיו
לַיְלָה:	כָּרַע בֵּל וּמַצָּבוֹ בְּאִישׁוֹן
לַיְלָה:	לְאִישׁ חֲמוּדוֹת נִגְלָה רַז חֲזוֹת
וַיְהִי בַּחֲצִי הַלַּיְלָה:	

בַּלַּיְלָה:	מִשְׁתַּכֵּר בִּכְלֵי קֹדֶשׁ נֶהֱרַג בּוֹ
לַיְלָה:	נוֹשַׁע מִבּוֹר אֲרָיוֹת פּוֹתֵר בְּעִתוּתֵי
לַיְלָה:	שִׂנְאָה נָטַר אֲגָגִי וְכָתַב סְפָרִים
וַיְהִי בַּחֲצִי הַלַּיְלָה:	

לַיְלָה:	עוֹרַרְתָּ נִצְחֲךָ עָלָיו בְּנֶדֶד שְׁנַת
מִלַּיְלָה:	פּוּרָה תִדְרוֹךְ לְשׁוֹמֵר מַה
לַיְלָה:	צָרַח כַּשּׁוֹמֵר וְשָׂח אָתָא בֹקֶר וְגַם
וַיְהִי בַּחֲצִי הַלַּיְלָה:	

לַיְלָה:	קָרֵב יוֹם אֲשֶׁר הוּא לֹא יוֹם וְלֹא
הַלַּיְלָה:	רָם הוֹדַע כִּי לְךָ הַיּוֹם אַף לְךָ
הַלַּיְלָה:	שׁוֹמְרִים הַפְקֵד לְעִירְךָ כָּל הַיּוֹם וְכָל

*Si beve, appoggiati sul gomito sinistro, il **quarto calice** di vino, ringraziamento al Signore che ha scelto per Se il popolo ebraico.*

בָּרוּךְ אַתָּה יהוה אֱלֹהֵינוּ מֶלֶךְ הָעוֹלָם, עַל הַגֶּפֶן וְעַל פְּרִי הַגֶּפֶן, וְעַל תְּנוּבַת הַשָּׂדֶה, וְעַל אֶרֶץ חֶמְדָּה טוֹבָה וּרְחָבָה, שֶׁרָצִיתָ וְהִנְחַלְתָּ לַאֲבוֹתֵינוּ, לֶאֱכוֹל מִפִּרְיָהּ וְלִשְׂבֹּעַ מִטּוּבָהּ, רַחֵם יהוה אֱלֹהֵינוּ עָלֵינוּ וְעַל יִשְׂרָאֵל עַמֶּךְ, וְעַל יְרוּשָׁלַ.ם עִירֶךָ, וְעַל הַר צִיּוֹן מִשְׁכַּן כְּבוֹדֶךָ, וְעַל מִזְבַּחֶךָ וְעַל הֵיכָלֶךָ, וּבְנֵה יְרוּשָׁלַ.ם עִיר הַקֹּדֶשׁ בִּמְהֵרָה בְיָמֵינוּ, וְהַעֲלֵנוּ לְתוֹכָהּ וְנִבְרֶכְךָ עָלֶיהָ בִּקְדוּשָׁה וּבְטָהֳרָה, (בְּשַׁבָּת וְנַחֲמֵנוּ בְּיוֹם הַשַּׁבָּת הַזֶּה,) וְשַׂמְּחֵנוּ יהוה אֱלֹהֵינוּ בְּיוֹם חַג הַמַּצּוֹת הַזֶּה, כִּי אַתָּה טוֹב וּמֵטִיב לַכֹּל, וְנוֹדֶה לְךָ עַל הָאָרֶץ וְעַל הַגֶּפֶן וְעַל פְּרִי הַגֶּפֶן, בָּרוּךְ אַתָּה יהוה עַל הָאָרֶץ עַל הַגֶּפֶן וְעַל פְּרִי הַגֶּפֶן:

Benedetto Tu, o Signore Dio nostro Re del mondo per la vite e per il frutto della vite, per i prodotti dei campi e per la terra bella buona e spaziosa che volesti dare in retaggio ai nostri padri perché mangiassimo dei suoi frutti e ci saziassimo delle sue bontà. Abbi pietà, Signore nostro Dio, di noi, di Israel Tuo popolo, di Jerushalaim Tua città, del monte Sion sede della Tua gloria, del Tuo Tempio e del Tuo altare: Ricostruisci Jerushalaim la città santa presto, nei nostri giorni. Facci salire ad essa e la benediremo con santità e purezza, (consolaci in questo giorno di Sabato) e facci gioire, Signore nostro Dio, in questo giorno di festa delle mazzot, poiché Tu sei buono e fai del bene a tutti. Ti ringrazieremo per la terra, per la vite e per il frutto della vite: Benedetto Tu, o Signore, per la vite e per il frutto della vite.

לְהַדֵּר, וּלְנַצֵּחַ, עַל כָּל דִּבְרֵי שִׁירוֹת וְתִשְׁבָּחוֹת
דָּוִד בֶּן יִשַׁי עַבְדְּךָ מְשִׁיחֶךָ: וּבְכֵן יִשְׁתַּבַּח שִׁמְךָ
לָעַד מַלְכֵּנוּ הָאֵל הַמֶּלֶךְ הַגָּדוֹל וְהַקָּדוֹשׁ בַּשָּׁמַיִם
וּבָאָרֶץ, כִּי לְךָ נָאֶה יהוה אֱלֹהֵינוּ וֵאלֹהֵי אֲבוֹתֵינוּ
לְעוֹלָם וָעֶד, שִׁיר וּשְׁבָחָה, הַלֵּל וְזִמְרָה, עֹז
וּמֶמְשָׁלָה, נֶצַח גְּדוּלָה וּגְבוּרָה, תְּהִלָּה וְתִפְאֶרֶת,
קְדֻשָּׁה וּמַלְכוּת, בְּרָכוֹת וְהוֹדָאוֹת לְשִׁמְךָ הַגָּדוֹל
וְהַקָּדוֹשׁ, וּמֵעוֹלָם וְעַד עוֹלָם אַתָּה אֵל:

...nelle tante adunanze del Tuo popolo, casa d'Israel, poiché è dovere di tutte le creature davanti a Te, Signore nostro Dio e Dio dei nostri padri di renderti omaggio, lodarti, encomiarti, glorificarti, esaltarti, magnificarti e cantarti anche oltre le parole dei canti e delle lodi di David figlio di Ishai Tuo servo e Tuo eletto.

Sia dunque esaltato per sempre il Tuo Nome, nostro Re, il Dio ed il Re grande e santo in cielo ed in terra; poiché Te, Signore nostro Dio e Dio dei nostri padri in eterno, sei degno di canti e celebrazione, di lodi e di salmi, di forza e di dominio, di vittoria, grandezza e di valore, di lode, di gloria, di santità, di benedizioni e riconoscimenti del Tuo grande e santo Nome: da sempre e per sempre Tu sei Dio.

יְהַלְלוּךָ יְיָ אֱלֹהֵינוּ כָּל־מַעֲשֶׂיךָ, וַחֲסִידֶיךָ וְצַדִּיקִים
עוֹשֵׂי רְצוֹנֶךָ וְעַמְּךָ בֵּית יִשְׂרָאֵל כֻּלָּם בְּרִנָּה יוֹדוּ
וִיבָרְכוּ וִישַׁבְּחוּ וִיפָאֲרוּ אֶת־שֵׁם כְּבוֹדֶךָ, כִּי לְךָ
טוֹב לְהוֹדוֹת וּלְשִׁמְךָ נָעִים לְזַמֵּר וּמֵעוֹלָם וְעַד
עוֹלָם אַתָּה אֵל, בָּרוּךְ אַתָּה יְיָ מֶלֶךְ מְהֻלָּל
בַּתִּשְׁבָּחוֹת:

Ti loderanno, Signore nostro Dio, tutte le tue opere, i tuoi giusti ed i tuoi pii, attuatori della tua volontà; ed il tuo popolo, la casa d'Israel, al completo con gioia renderà omaggio, benedirà, encomierà, esalterà il tuo Nome glorioso; poiché Te è bene lodare, il Tuo Nome è piacevole cantare: da sempre e per sempre Tu sei Dio. Benedetto Tu, o Signore, inneggiato con lodi.

בָּרוּךְ אַתָּה יהוה אֱלֹהֵינוּ מֶלֶךְ הָעוֹלָם בּוֹרֵא פְּרִי
הַגָּפֶן.

Benedetto Tu, o Signore, Dio nostro, Re del mondo, creatore del frutto della vite.

לָשׁוֹן לְךָ תְשַׁבֵּחַ, וְכָל עַיִן לְךָ תִצְפֶּה, וְכָל בֶּרֶךְ
לְךָ תִכְרַע, וְכָל קוֹמָה לְפָנֶיךָ תִשְׁתַּחֲוֶה,
וְהַלְּבָבוֹת יִירָאוּךָ, וְכָל קֶרֶב וּכְלָיוֹת יְזַמְּרוּ לִשְׁמֶךָ,
כַּדָּבָר שֶׁנֶּאֱמַר כָּל עַצְמוֹתַי תֹּאמַרְנָה יהוה מִי
כָמוֹךָ, מַצִּיל עָנִי מֵחָזָק מִמֶּנּוּ, וְעָנִי וְאֶבְיוֹן מִגּוֹזְלוֹ,
שַׁוְעַת עֲנִיִּים אַתָּה תִשְׁמַע, צַעֲקַת הַדַּל תַּקְשִׁיב
וְתוֹשִׁיעַ, וְכָתוּב רַנְּנוּ צַדִּיקִים בַּיהוה לַיְשָׁרִים
נָאוָה תְהִלָּה:

Dall'Egitto ci hai liberato, Signore nostro Dio, dalla casa
della schiavitù ci hai redento; nella carestia ci hai
sfamato, e nella sazietà ci hai mantenuto; dalla spada ci
hai salvato, dalla epidemia ci hai protetto, e tante
terribili malattie ci hai evitato; fino ad ora ci ha aiutato
la Tua misericordia e non siamo stati abbandonati dalla
Tua pietà: per questo il corpo che ci hai dato, l'anima ed
il soffio vitale che hai insufflato in noi, la lingua che hai
posto nella nostra bocca, riconosceranno, benediranno,
loderanno, magnificheranno, canteranno il Tuo Nome,
nostro Re, in ogni momento. Ogni bocca deve
riconoscerti, ogni lingua Ti deve lodare, ogni occhio
deve guardarti, ogni ginocchio a Te deve inchinarsi, chi
è in piedi di fronte a Te deve prostrarsi. E tutti i cuori ti
temeranno, tutti i visceri canteranno il Tuo Nome così
come è detto nei Salmi: "Tutte le mie ossa diranno:
Signore, chi è come Te? Che salvi il miserabile da chi è
più forte di lui, il miserabile e l'infelice da chi lo
opprime". Tu ascolti il pianto dei miseri, sei attento al
grido del povero e lo salvi. Ed è scritto nei Salmi:
"Gioite, giusti, nel Signore, sono i retti che debbono
lodarlo".

בְּפִי	יְ	שָׁרִים	תִּתְ	רֹ	וֹמָם:
וּבְשִׂפְתֵי	צַ	דִּיקִים	תִּתְ	בָּ	רַךְ:
וּבִלְשׁוֹן	חֲ	סִידִים	תִּתְ	קַ	דָּשׁ:
וּבְקֶרֶב	קְ	דוֹשִׁים	תִּתְ	הַ	לָּל:

Dalla bocca dei retti sarai esaltato;
dalle labbra dei giusti sarai benedetto;
dalla lingua dei pii sarai santificato;
nell'ambito dei santi sarai lodato...

בְּמִקְהֲלוֹת רִבְבוֹת עַמְּךָ בֵּית יִשְׂרָאֵל, שֶׁכֵּן חוֹבַת
כָּל הַיְצוּרִים לְפָנֶיךָ, יהוה אֱלֹהֵינוּ וֵאלֹהֵי
אֲבוֹתֵינוּ לְהוֹדוֹת, לְהַלֵּל, לְשַׁבֵּחַ, לְפָאֵר, לְרוֹמֵם,

15

עוֹרִים וְזוֹקֵף כְּפוּפִים, הַמֵּשִׂיחַ אִלְּמִים וְהַמְפַעֲנֵחַ
נֶעֱלָמִים, וּלְךָ לְבַדְּךָ אֲנַחְנוּ מוֹדִים:

Dio dalla prima all'ultima generazione, Dio di tutte le
creature, Signore di tutte le stirpi, lodato da ogni
creatura, che guida il suo mondo con bontà e le sue
creature con misericordia. Iddio sempre vigile, che non
si distrae e non dorme, che risveglia i dormienti e gli
inerti, ridà vita ai morti e guarisce gli ammalati, dà la
vista ai ciechi e drizza i ricurvi, dà la parola ai muti e
rivela le cose nascoste: Te e solo Te noi onoriamo.

וְאִלּוּ פִינוּ מָלֵא שִׁירָה כַיָּם, וּלְשׁוֹנֵנוּ רִנָּה כַּהֲמוֹן
גַּלָּיו, וְשִׂפְתוֹתֵינוּ שֶׁבַח כְּמֶרְחֲבֵי רָקִיעַ, וְעֵינֵינוּ
מְאִירוֹת כַּשֶּׁמֶשׁ וְכַיָּרֵחַ, וְיָדֵינוּ פְרוּשׂוֹת כְּנִשְׁרֵי
שָׁמַיִם, וְרַגְלֵינוּ קַלּוֹת כָּאַיָּלוֹת, אֵין אָנוּ מַסְפִּיקִין
לְהוֹדוֹת לְךָ יהוה אֱלֹהֵינוּ, וּלְבָרֵךְ אֶת שְׁמֶךָ
מַלְכֵּנוּ, עַל אַחַת מֵאֶלֶף אַלְפֵי אֲלָפִים, וְרוֹב רִבֵּי
רְבָבוֹת פְּעָמִים, הַטּוֹבוֹת, נִסִּים וְנִפְלָאוֹת
שֶׁעָשִׂיתָ עִמָּנוּ וְעִם אֲבוֹתֵינוּ מִלְּפָנִים,

E se pure la nostra bocca fosse piena di inni come il
mare lo è di acqua; e la nostra lingua di tanta gioia
quante sono le sue onde; e le nostre labbra esprimessero
lodi estese come gli spazi della volta celeste; ed i nostri
occhi fossero raggianti come il Sole o la Luna; e le
nostre braccia si aprissero come le ali delle aquile del
cielo; e le nostre gambe ci rendessero leggeri come
cervi; non arriveremmo a lodarti appropriatamente,
Signore nostro Dio, ed a benedire il Tuo Nome, nostro
Re, nemmeno per una tra migliaia di migliaia di migliaia
di cose buone, miracoli e prodigi che facesti per noi e
per i nostri antichi padri.

מִמִּצְרַיִם גְּאַלְתָּנוּ יהוה אֱלֹהֵינוּ, מִבֵּית עֲבָדִים
פְּדִיתָנוּ, בְּרָעָב זַנְתָּנוּ, וּבְשָׂבָע כִּלְכַּלְתָּנוּ, מֵחֶרֶב
הִצַּלְתָּנוּ, וּמִדֶּבֶר מִלַּטְתָּנוּ, וּמֵחֳלָאִים רָעִים
וְרַבִּים דִּלִּיתָנוּ, עַד הֵנָּה עֲזָרוּנוּ רַחֲמֶיךָ וְלֹא
עֲזָבוּנוּ חֲסָדֶיךָ, עַל כֵּן אֵבָרִים שֶׁפִּלַּגְתָּ בָּנוּ, וְרוּחַ
וּנְשָׁמָה שֶׁנָּפַחְתָּ בְּאַפֵּנוּ, וְלָשׁוֹן אֲשֶׁר שַׂמְתָּ בְּפִינוּ,
הֵן הֵם יוֹדוּ, וִיבָרְכוּ, וִישַׁבְּחוּ, וִיפָאֲרוּ, וִישׁוֹרְרוּ,
אֶת שִׁמְךָ מַלְכֵּנוּ תָּמִיד, כִּי כָל פֶּה לְךָ יוֹדֶה, וְכָל

Sihon re degli Emorei	poiché eterna è la Sua misericordia;
ed Hog re di Bashan	poiché eterna è la Sua misericordia;
e diede la loro terra per colonizzarla	poiché eterna è la Sua misericordia;
per stabilirvi Israele Suo servo	poiché eterna è la Sua misericordia;
Colui che nella nostra miseria si ricordò di noi	poiché eterna è la Sua misericordia;
per liberarci dai nostri guai	poiché eterna è la Sua misericordia;
Lodate Colui che alimenta tutte le creature	poiché eterna è la Sua misericordia;
Lodate Iddio dei cieli	poiché eterna è la Sua misericordia.

נִשְׁמַת כָּל חַי תְּבָרֵךְ אֶת שִׁמְךָ יהוה אֱלֹהֵינוּ
וְרוּחַ כָּל בָּשָׂר תְּפָאֵר וּתְרוֹמֵם זִכְרְךָ מַלְכֵּנוּ
תָּמִיד, מִן הָעוֹלָם וְעַד הָעוֹלָם אַתָּה אֵל,
וּמִבַּלְעָדֶיךָ אֵין לָנוּ מֶלֶךְ גּוֹאֵל וּמוֹשִׁיעַ, פּוֹדֶה
וּמַצִּיל, וְעוֹנֶה וּמְרַחֵם, בְּכָל עֵת צָרָה וְצוּקָה, אֵין
לָנוּ מֶלֶךְ עוֹזֵר וְסוֹמֵךְ אֶלָּא אַתָּה:

L'anima di ogni essere vivente benedirà il Tuo nome,
Signore nostro Dio, ed il soffio vitale di ogni creatura
magnificherà ed innalzerà la Tua designazione, nostro
Re, in ogni momento, per sempre. Da sempre e per
sempre Tu sei Dio, e non abbiamo all'infuori di Te altro
Re, che ci redima e ci salvi, ci riscatti e ci aiuti, ci
risponda ed abbia pietà di noi in ogni momento di
angoscia e di affanno: non abbiamo altro Re che ci aiuti
e ci appoggi se non Te.

אֱלֹהֵי הָרִאשׁוֹנִים וְהָאַחֲרוֹנִים אֱלוֹהַּ כָּל בְּרִיּוֹת,
אֲדוֹן כָּל תּוֹלָדוֹת, הַמְהֻלָּל בְּכָל הַתִּשְׁבָּחוֹת,
הַמְנַהֵג עוֹלָמוֹ בְּחֶסֶד וּבְרִיּוֹתָיו בְּרַחֲמִים, וַיהוה
עֵר, לֹא יָנוּם וְלֹא יִישָׁן, הַמְעוֹרֵר יְשֵׁנִים וְהַמֵּקִיץ
נִרְדָּמִים, מְחַיֶּה מֵתִים וְרוֹפֵא חוֹלִים, פּוֹקֵחַ

Lodate il Signore degli dei   poiché eterna è la
                                 Sua misericordia;

Lodate il Padrone dei padroni   poiché eterna è la
                                 Sua misericordia;

Lodate Colui che da solo fa grandi prodigi
                                 poiché eterna è la
                                 Sua misericordia;

Lodate Colui che creò i cieli con intelligenza
                                 poiché eterna è la
                                 Sua misericordia;

Colui che appoggiò le terre sui mari poiché eterna è la
                                 Sua misericordia;

Colui che creò le grandi stelle poiché eterna è la
                                 Sua misericordia;

il Sole che domina il giorno   poiché eterna è la
                                 Sua misericordia;

la Luna e le stelle che dominano la notte
                                 poiché eterna è la
                                 Sua misericordia;

Colui che colpì gli egiziani nei loro primogeniti
                                 poiché eterna è la
                                 Sua misericordia;

che fece uscire Israel di mezzo a loro
                                 poiché eterna è la
                                 Sua misericordia;

con mano forte e braccio disteso poiché eterna è la
                                 Sua misericordia;

Colui che ha tagliato il Mar Rosso in due parti
                                 poiché eterna è la
                                 Sua misericordia;

e vi fece passare in mezzo Israel poiché eterna è la
                                 Sua misericordia;

e vi fece affogare il faraone ed i suoi soldati
                                 poiché eterna è la
                                 Sua misericordia;

Colui che guidò il suo popolo nel deserto
                                 poiché eterna è la
                                 Sua misericordia;

che colpì grandi re   poiché eterna è la
                                 Sua misericordia;

ed uccise re temibili   poiché eterna è la
                                 Sua misericordia;

הוֹדוּ לַיְיָ כִּי־טוֹב   כִּי־לְעוֹלָם חַסְדּוֹ:

הוֹדוּ לֵאלֹהֵי הָאֱלֹהִים   כִּי־לְעוֹלָם חַסְדּוֹ:

הוֹדוּ לַאֲדֹנֵי הָאֲדֹנִים   כִּי־לְעוֹלָם חַסְדּוֹ:

לְעֹשֵׂה נִפְלָאוֹת גְּדֹלוֹת לְבַדּוֹ   כִּי־לְעוֹלָם חַסְדּוֹ:

לְעֹשֵׂה הַשָּׁמַיִם בִּתְבוּנָה   כִּי־לְעוֹלָם חַסְדּוֹ:

לְרוֹקַע הָאָרֶץ עַל־הַמָּיִם   כִּי־לְעוֹלָם חַסְדּוֹ:

לְעֹשֵׂה אוֹרִים גְּדֹלִים   כִּי־לְעוֹלָם חַסְדּוֹ:

אֶת־הַשֶּׁמֶשׁ לְמֶמְשֶׁלֶת בַּיּוֹם   כִּי־לְעוֹלָם חַסְדּוֹ:

אֶת־הַיָּרֵחַ וְכוֹכָבִים לְמֶמְשְׁלוֹת בַּלָּיְלָה

כִּי־לְעוֹלָם חַסְדּוֹ:

לְמַכֵּה מִצְרַיִם בִּבְכוֹרֵיהֶם   כִּי־לְעוֹלָם חַסְדּוֹ:

וַיּוֹצֵא יִשְׂרָאֵל מִתּוֹכָם   כִּי־לְעוֹלָם חַסְדּוֹ:

בְּיָד חֲזָקָה וּבִזְרוֹעַ נְטוּיָה   כִּי־לְעוֹלָם חַסְדּוֹ:

לְגֹזֵר יַם־סוּף לִגְזָרִים   כִּי־לְעוֹלָם חַסְדּוֹ:

וְהֶעֱבִיר יִשְׂרָאֵל בְּתוֹכוֹ   כִּי־לְעוֹלָם חַסְדּוֹ:

וְנִעֵר פַּרְעֹה וְחֵילוֹ בְיַם־סוּף   כִּי־לְעוֹלָם חַסְדּוֹ:

לְמוֹלִיךְ עַמּוֹ בַּמִּדְבָּר   כִּי־לְעוֹלָם חַסְדּוֹ:

לְמַכֵּה מְלָכִים גְּדֹלִים   כִּי־לְעוֹלָם חַסְדּוֹ:

וַיַּהֲרֹג מְלָכִים אַדִּירִים   כִּי־לְעוֹלָם חַסְדּוֹ:

לְסִיחוֹן מֶלֶךְ הָאֱמֹרִי   כִּי־לְעוֹלָם חַסְדּוֹ:

וּלְעוֹג מֶלֶךְ הַבָּשָׁן   כִּי־לְעוֹלָם חַסְדּוֹ:

וְנָתַן אַרְצָם לְנַחֲלָה   כִּי־לְעוֹלָם חַסְדּוֹ:

נַחֲלָה לְיִשְׂרָאֵל עַבְדּוֹ   כִּי־לְעוֹלָם חַסְדּוֹ:

שֶׁבְּשִׁפְלֵנוּ זָכַר־לָנוּ   כִּי־לְעוֹלָם חַסְדּוֹ:

וַיִּפְרְקֵנוּ מִצָּרֵינוּ   כִּי־לְעוֹלָם חַסְדּוֹ:

נֹתֵן לֶחֶם לְכָל־בָּשָׂר   כִּי־לְעוֹלָם חַסְדּוֹ:

הוֹדוּ לְאֵל הַשָּׁמָיִם   כִּי־לְעוֹלָם חַסְדּוֹ:

Lodate il Signore poiché è buono,   poiché eterna è la
                                             Sua misericordia;

Questa è la porta per giungere al Signore, i giusti la attraverseranno.

אוֹדְךָ כִּי עֲנִיתָנִי וַתְּהִי־לִי לִישׁוּעָה: אודך

אֶבֶן מָאֲסוּ הַבּוֹנִים הָיְתָה לְרֹאשׁ פִּנָּה: אבן

מֵאֵת יְיָ הָיְתָה זֹּאת הִיא נִפְלָאת בְּעֵינֵינוּ: מאת

זֶה־הַיּוֹם עָשָׂה יְיָ נָגִילָה וְנִשְׂמְחָה בוֹ: זה

Ti loderò poiché mi esaudisti e fosti la mia salvezza. La pietra trascurata dai costruttori è divenuta la pietra angolare. Questo è avvenuto grazie al Signore, è cosa meravigliosa ai nostri occhi. Questo è il giorno fatto dal Signore, gioiamo e rallegriamoci in esso.

אָנָּא יְיָ הוֹשִׁיעָה נָּא:

אָנָּא יְיָ הוֹשִׁיעָה נָּא:

אָנָּא יְיָ הַצְלִיחָה נָּא:

אָנָּא יְיָ הַצְלִיחָה נָּא:

Signore, concedi salvezza.

Signore, concedi successo.

בָּרוּךְ הַבָּא בְּשֵׁם יְיָ בֵּרַכְנוּכֶם מִבֵּית יְיָ: ברוך

אֵל יְיָ וַיָּאֶר לָנוּ אִסְרוּ־חַג בַּעֲבֹתִים עַד־קַרְנוֹת הַמִּזְבֵּחַ: אל

אֵלִי אַתָּה וְאוֹדֶךָּ אֱלֹהַי אֲרוֹמְמֶךָּ: אלי

Benedetto chi viene nel nome del Signore, lo benediciamo dalla casa del Signore.

Il Signore ci illumina, portate il sacrificio, legato, fino agli angoli dell'altare.

Tu sei il mio Dio e ti renderò grazie, il mio Signore, ti glorificherò.

הוֹדוּ לַיְיָ כִּי־טוֹב כִּי־לְעוֹלָם חַסְדּוֹ: הודו

Lodate il Signore poiché è buono, poiché eterna è la sua misericordia.

יֹאמְרוּ־נָא בֵית־אַהֲרֹן כִּי לְעוֹלָם חַסְדּוֹ:

יֹאמְרוּ־נָא יִרְאֵי יהוה כִּי לְעוֹלָם חַסְדּוֹ:

Lodate il Signore perché è buono, perché la Sua
magnanimità è eterna!
Lo dica Israel che la Sua magnanimità è eterna!
Lo dica la casa di Aron che la Sua magnanimità è
eterna!
Lo dicano i tementi del Signore che la Sua magnanimità
è eterna!

מִן־הַמֵּצַר קָרָאתִי יָּהּ עָנָנִי בַמֶּרְחָב יָהּ: יְיָ לִי לֹא
אִירָא מַה־יַּעֲשֶׂה לִי אָדָם: יְיָ לִי בְּעֹזְרָי וַאֲנִי
אֶרְאֶה בְשֹׂנְאָי: טוֹב לַחֲסוֹת בַּיְיָ מִבְּטֹחַ בָּאָדָם:
טוֹב לַחֲסוֹת בַּיְיָ מִבְּטֹחַ בִּנְדִיבִים: כָּל־גּוֹיִם
סְבָבוּנִי בְּשֵׁם יְיָ כִּי אֲמִילַם: סַבּוּנִי גַם־סְבָבוּנִי
בְּשֵׁם יְיָ כִּי אֲמִילַם: סַבּוּנִי כִדְבֹרִים דֹּעֲכוּ כְּאֵשׁ
קוֹצִים בְּשֵׁם יְיָ כִּי אֲמִילַם: דָּחֹה דְחִיתַנִי לִנְפֹּל וַיְיָ
עֲזָרָנִי: עָזִּי וְזִמְרָת יָהּ וַיְהִי־לִי לִישׁוּעָה: קוֹל רִנָּה
וִישׁוּעָה בְּאָהֳלֵי צַדִּיקִים יְמִין יְיָ עֹשָׂה חָיִל: יְמִין יְיָ
רוֹמֵמָה יְמִין יְיָ עֹשָׂה חָיִל: לֹא־אָמוּת כִּי־אֶחְיֶה
וַאֲסַפֵּר מַעֲשֵׂי יָהּ: יַסֹּר יִסְּרַנִּי יָּהּ וְלַמָּוֶת לֹא
נְתָנָנִי: פִּתְחוּ־לִי שַׁעֲרֵי־צֶדֶק אָבֹא־בָם אוֹדֶה יָהּ:
זֶה־הַשַּׁעַר לַיְיָ צַדִּיקִים יָבֹאוּ בוֹ:

Nelle ristrettezze ho invocato Dio, Lui mi ha risposto
con larghezza. Il Signore è con me, non temo nulla, cosa
può mai farmi l'uomo? Il Signore è con me tra chi mi
aiuta, vedrò la fine di chi mi odia. È meglio confidare
nel Signore che aver fiducia nell'uomo, meglio confidare
nel Signore che aver fiducia nei potenti. Tutte le nazioni
mi avevano circondato ma nel nome del Signore le ho
sconfitte. Mi avevano circondato, sì circondato, ma nel
nome del Signore le ho sconfitte. Mi avevano circondato
come uno sciame di api, si sono spente come un fuoco di
rovi, nel nome del Signore le ho sconfitte. Mi hai spinto
per farmi cadere ma il Signore mi ha sostenuto. Il
Signore è la mia forza e l'oggetto del mio canto, Lui è
stato la mia salvezza. Voci di gioia e di salvezza si
odono nelle dimore dei giusti: è la destra del Signore che
fa prodezze. È la destra del Signore levata in alto, è la
destra del Signore che fa prodezze. Non morirò ma vivrò
per narrare le opere del Signore. Sono stato punito da
Dio ma Egli non ha voluto darmi la morte. Apritemi i
portoni della giustizia, li passerò per lodare il Signore.

Amo il Signore poiché ha ascoltato la mia voce e le mie suppliche. Siccome ha porto a me il suo orecchio, tutta la vita lo invocherò. Le cinghie della morte mi avevano avvinto, le angosce della fossa mi avevano afferrato: ero nel dolore e nell'afflizione. Allora ho invocato il nome del Signore: Signore, Ti prego, salva la mia anima! Il Signore è giusto e pietoso, il nostro Dio è misericordioso. Il Signore protegge i semplici, ero nella miseria e mi salvò. Torna a tranquillizzarti anima mia poiché il Signore ti ha sostenuto. Tu hai salvato la mia anima dalla morte, i miei occhi dal pianto, il mio piede dal vacillare. Camminerò ora davanti al Signore nella vita terrena. Avevo fede anche se dicevo: sono miserrimo! e quando dicevo trepidante: ogni uomo può sbagliare!

מָה־אָשִׁיב לַיהוה כָּל־תַּגְמוּלוֹהִי עָלָי: כּוֹס
יְשׁוּעוֹת אֶשָּׂא וּבְשֵׁם יְיָ אֶקְרָא: נְדָרַי לַיהוה
אֲשַׁלֵּם נֶגְדָה־נָּא לְכָל־עַמּוֹ: יָקָר בְּעֵינֵי יהוה
הַמָּוְתָה לַחֲסִידָיו: אָנָּא יהוה כִּי־אֲנִי עַבְדֶּךָ אֲנִי
עַבְדְּךָ בֶּן־אֲמָתֶךָ פִּתַּחְתָּ לְמוֹסֵרָי: לְךָ אֶזְבַּח זֶבַח
תּוֹדָה וּבְשֵׁם יהוה אֶקְרָא: נְדָרַי לַיהוה אֲשַׁלֵּם
נֶגְדָה־נָא לְכָל עַמּוֹ: בְּחַצְרוֹת בֵּית יהוה בְּתוֹכֵכִי
יְרוּשָׁלָ ִם הַלְלוּיָהּ:

Come ricambiare il Signore per tutto il bene che mi ha elargito? Solleverò il calice della salvezza ed invocherò il Nome del Signore! Scioglierò i miei voti verso il Signore di fronte a tutto il Suo popolo! Non è cosa trascurabile per il Signore la morte dei Suoi tementi. Signore! io sono il Tuo servo, il Tuo servo figlio di una Tua serva, e Tu hai sciolto le mie catene! Ti offrirò un sacrificio di ringraziamento ed invocherò il Nome del Signore! Scioglierò i miei voti verso il Signore di fronte a tutto il Suo popolo, nei cortili della casa del Signore, al tuo centro Jerushalaim! Lodate il Signore!

הַלְלוּ אֶת־יהוה כָּל־גּוֹיִם שַׁבְּחוּהוּ כָּל־הָאֻמִּים:
כִּי־גָבַר עָלֵינוּ חַסְדּוֹ וֶאֱמֶת־יהוה לְעוֹלָם
הַלְלוּיָהּ:

Lodate il Signore popoli tutti! Esaltatelo nazioni tutte! Poiché ci ha colmato con la Sua magnanimità e la Sua verità è eterna! Lodate il Signore!

כִּי לְעוֹלָם חַסְדּוֹ:	הוֹדוּ לַיהוה כִּי־טוֹב
כִּי לְעוֹלָם חַסְדּוֹ:	יֹאמַר־נָא יִשְׂרָאֵל

vedono, orecchie ma non sentono, naso senza olfatto, mani senza tatto, piedi che non camminano e gola che non articola voce. Come loro divenga chi li fabbrica e tutti coloro che in essi confidano. Israel confida nell'Eterno, Egli è il loro aiuto e la loro difesa. La casa di Aron confida nell'Eterno, Egli è il loro aiuto e la loro difesa. Tementi dell'Eterno, confidate nell'Eterno, Egli è il loro aiuto e la loro difesa.

יְהוָה זְכָרָנוּ יְבָרֵךְ יְבָרֵךְ אֶת־בֵּית יִשְׂרָאֵל יְבָרֵךְ
אֶת־בֵּית אַהֲרֹן: יְבָרֵךְ יִרְאֵי יְהוָה הַקְּטַנִּים
עִם־הַגְּדֹלִים: יֹסֵף יְהוָה עֲלֵיכֶם עֲלֵיכֶם
וְעַל־בְּנֵיכֶם: בְּרוּכִים אַתֶּם לַיהוָה עֹשֵׂה שָׁמַיִם
וָאָרֶץ: הַשָּׁמַיִם שָׁמַיִם לַיהוָה וְהָאָרֶץ נָתַן
לִבְנֵי־אָדָם: לֹא הַמֵּתִים יְהַלְלוּ־יָהּ וְלֹא כָּל־יֹרְדֵי
דוּמָה: וַאֲנַחְנוּ נְבָרֵךְ יָהּ מֵעַתָּה וְעַד־עוֹלָם
הַלְלוּיָהּ:

Il Signore si ricordi di noi e ci benedica! Benedica la casa di Israel, benedica la casa di Aron! Benedica i tementi dell'Eterno, i piccoli insieme con i grandi! Accresca l'Eterno la vostra discendenza, la vostra e quella dei vostri figli! Siate benedetti per il Signore, Creatore del cielo e della terra! Il cielo è il cielo del Signore, la terra l'ha data ai figli dell'uomo. Non i morti loderanno il Signore, non chi scende nel silenzio ma noi benediciamo l'Eterno, da ora e per sempre! Lodate il Signore!

אָהַבְתִּי כִּי־יִשְׁמַע יְהוָה אֶת־קוֹלִי תַּחֲנוּנָי:
כִּי־הִטָּה אָזְנוֹ לִי וּבְיָמַי אֶקְרָא: אֲפָפוּנִי
חֶבְלֵי־מָוֶת וּמְצָרֵי שְׁאוֹל מְצָאוּנִי צָרָה וְיָגוֹן
אֶמְצָא: וּבְשֵׁם־יְהוָה אֶקְרָא אָנָּא יְהוָה מַלְּטָה
נַפְשִׁי: חַנּוּן יְהוָה וְצַדִּיק וֵאלֹהֵינוּ מְרַחֵם: שֹׁמֵר
פְּתָאִים יְהוָה דַּלּוֹתִי וְלִי יְהוֹשִׁיעַ: שׁוּבִי נַפְשִׁי
לִמְנוּחָיְכִי כִּי־יְהוָה גָּמַל עָלָיְכִי: כִּי חִלַּצְתָּ נַפְשִׁי
מִמָּוֶת אֶת עֵינִי מִן־דִּמְעָה אֶת־רַגְלִי מִדֶּחִי:
אֶתְהַלֵּךְ לִפְנֵי יְהוָה בְּאַרְצוֹת הַחַיִּים: הֶאֱמַנְתִּי כִּי
אֲדַבֵּר אֲנִי עָנִיתִי מְאֹד: אֲנִי אָמַרְתִּי בְחָפְזִי
כָּל־הָאָדָם כֹּזֵב:

הלל

Hallel.

*Nel riprendere l'Hallel, con il calice del profeta Elia
ancora sulla tavola a segnare la nostra convinzione che
il Signore lo manderà ad annunciarci la seconda
redenzione e ci libererà anche da questo lunghissimo
esilio, si apre la porta di casa.*

*La porta aperta ci ricorda che la Torà dice: "questa è la
notte in cui [il Signore] veglia [su di voi]": non
corriamo alcun pericolo! (Esodo XII, 42)*

שְׁפֹךְ חֲמָתְךָ אֶל־הַגּוֹיִם אֲשֶׁר לֹא־יְדָעוּךָ
וְעַל־מַמְלָכוֹת אֲשֶׁר בְּשִׁמְךָ לֹא קָרָאוּ: כִּי אָכַל
אֶת־יַעֲקֹב וְאֶת־נָוֵהוּ הֵשַׁמּוּ:

Versa la tua collera contro le genti pagane che non ti
riconoscono, sui regni che non invocano il tuo nome,
perché hanno consumato Giacobbe ed hanno devastato
la sua sede.

Si chiude la porta e si versa il quarto calice di vino.

לֹא לָנוּ יהוה לֹא לָנוּ כִּי־לְשִׁמְךָ תֵּן כָּבוֹד
עַל־חַסְדְּךָ עַל־אֲמִתֶּךָ: לָמָּה יֹאמְרוּ הַגּוֹיִם
אַיֵּה־נָא אֱלֹהֵיהֶם: וֵאלֹהֵינוּ בַשָּׁמַיִם כֹּל אֲשֶׁר
חָפֵץ עָשָׂה: עֲצַבֵּיהֶם כֶּסֶף וְזָהָב מַעֲשֵׂה יְדֵי
אָדָם: פֶּה לָהֶם וְלֹא יְדַבֵּרוּ עֵינַיִם לָהֶם וְלֹא
יִרְאוּ: אָזְנַיִם לָהֶם וְלֹא יִשְׁמָעוּ אַף לָהֶם וְלֹא
יְרִיחוּן: יְדֵיהֶם וְלֹא יְמִישׁוּן רַגְלֵיהֶם וְלֹא יְהַלֵּכוּ
לֹא־יֶהְגּוּ בִּגְרוֹנָם: כְּמוֹהֶם יִהְיוּ עֹשֵׂיהֶם כֹּל
אֲשֶׁר־בֹּטֵחַ בָּהֶם: יִשְׂרָאֵל בְּטַח בַּיהוה עֶזְרָם
וּמָגִנָּם הוּא: בֵּית אַהֲרֹן בִּטְחוּ בַיהוה עֶזְרָם
וּמָגִנָּם הוּא: יִרְאֵי יהוה בִּטְחוּ בַיהוה עֶזְרָם
וּמָגִנָּם הוּא:

Non a noi, o Eterno, non a noi, ma al Tuo Nome dà la
gloria, per la Tua bontà e la Tua fedeltà. Perché mai le
genti dovrebbero dire: dove è dunque il loro Dio? Il
nostro Dio è in cielo e fa tutto ciò che Gli aggrada. Loro
hanno idoli d'argento e d'oro, costruiti dalle mani
dell'uomo: hanno bocca ma non parlano, occhi ma non

In ricordo dei martiri

In questa notte di veglia eleviamo il nostro pensiero, con timore e commozione, ai sei milioni di nostri fratelli che si trovavano in esilio in Europa e perirono per mano di un oppressore e tiranno che fu funesto al nostro popolo ben più del faraone.

Queste erano le istruzioni del malvagio a coloro che eseguivano i suoi ordini: andate e distruggiamoli, sì che essi non possano più essere una nazione ed il nome di Israel non sia più ricordato.

E quelli, con gas velenosi e bruciandoli nei forni, sterminarono gli innocenti ed i puri, uomini, donne, bambini.

Noi non vogliamo narrare ora la crudeltà delle loro azioni per non rischiare di mancare di rispetto all'immagine dell'Eterno secondo la quale fu creato l'uomo.

Furono i superstiti del nostro popolo, nei ghetti e nei campi di sterminio, che si immolarono per la Santità del Nome; molti di essi si trasformarono in Eroi e si levarono contro i malvagi resistendo fino alla morte.

Fu la prima sera di Pesah

che i superstiti del Ghetto di Varsavia si levarono e combatterono, puri contro gli impuri, come Giuda Maccabeo aveva fatto ai suoi tempi.

Coloro che si erano amati ed avevano serenamente trascorso insieme la vita non vollero dividersi nell'ora della morte e, pur non salvando se stessi, salvarono l'onore di Israele.

Dal profondo della loro afflizione i Martiri espressero il loro cuore con un inno e cantarono:

אֲנִי מַאֲמִן

בֶּאֱמוּנָה שְׁלֵמָה בְּבֹאַת הַמָּשִׁיחַ:

וְאַף עַל פִּי שֶׁיִּתְמַהְמֵהַּ,

עִם כָּל זֶה אֲנִי מַאֲמִן!

Io credo, con fede assoluta, nella venuta del Masciah: e benchè tardi a venire, nonostante tutto, io credo!

מְבַקֵּשׁ לָחֶם: יְיָ עֹז לְעַמּוֹ יִתֵּן יְיָ יְבָרֵךְ אֶת עַמּוֹ
בַשָּׁלוֹם:

"Temete il Signore, o Suoi santi, poiché nulla può
mancare a coloro che lo temono. I leoncelli possono
talvolta soffrire la penuria e la fame, ma coloro che
hanno desiderio del Signore non mancano di alcun
bene". "Lodate il Signore che è buono, che eterna è la
sua pietà". "Tu apri la Tua mano e soddisfi il desiderio
di ogni vivente". "Benedetto sia l'uomo che ripone la sua
fiducia nell'Eterno e per il quale l'Eterno è l'unica
speranza". "Io sono stato giovane ed ora sono vecchio,
ma non ho mai veduto il giusto abbandonato né la sua
prole andare in cerca di pane". "L'Eterno dia al Suo
popolo la forza; l'Eterno benedica il Suo popolo con la
pace".

בָּרוּךְ אַתָּה יְיָ אֱלֹהֵינוּ מֶלֶךְ הָעוֹלָם בּוֹרֵא פְּרִי
הַגָּפֶן:

Benedetto Tu Signore, nostro Dio, creatore del frutto
della vite.

*Si beve appoggiati sul gomito sinistro il terzo calice di
vino per ringraziare il Signore di aver prelevato gli
ebrei in Egitto con la forza.*

בַּמָּרוֹם יְלַמְּדוּ עֲלֵיהֶם וְעָלֵינוּ זְכוּת שֶׁתְּהִי
לְמִשְׁמֶרֶת שָׁלוֹם וְנִשָּׂא בְרָכָה מֵאֵת יְיָ וּצְדָקָה
מֵאֱלֹהֵי יִשְׁעֵנוּ וְנִמְצָא־חֵן וְשֵׂכֶל־טוֹב בְּעֵינֵי
אֱלֹהִים וְאָדָם:

Su in cielo sia promulgata la loro e la nostra innocenza,
la quale sia presidio di pace: ed otteniamo benedizione
da parte del Signore e pietà di Dio, nostro salvatore; e
possiamo acquistarci la grazia presso Dio e presso gli
uomini.

Di Sabato si aggiunge:

הָרַחֲמָן הוּא יַנְחִילֵנוּ יוֹם שֶׁכֻּלּוֹ שַׁבָּת וּמְנוּחָה
לְחַיֵּי הָעוֹלָמִים:

Il Misericordioso ci conceda quel giorno che è tutto una
sabbatica pace nella vita immortale.

הָרַחֲמָן הוּא יַנְחִילֵנוּ יוֹם שֶׁכֻּלּוֹ טוֹב:

Il Misericordioso ci conceda un giorno che sia
pienamente festivo.

הָרַחֲמָן הוּא יְזַכֵּנוּ לִימוֹת הַמָּשִׁיחַ וּלְחַיֵּי הָעוֹלָם
הַבָּא: מִגְדּוֹל יְשׁוּעוֹת מַלְכּוֹ וְעֹשֶׂה חֶסֶד לִמְשִׁיחוֹ
לְדָוִד וּלְזַרְעוֹ עַד עוֹלָם: עֹשֶׂה שָׁלוֹם בִּמְרוֹמָיו
הוּא יַעֲשֶׂה שָׁלוֹם עָלֵינוּ וְעַל כָּל־יִשְׂרָאֵל וְאִמְרוּ
אָמֵן:

Il Misericordioso ci conceda di assistere all'avvento del
Mashiah ed alla vita del mondo futuro, Egli che è
presidio di vittoria al Suo re ed è così generoso di
benevolenza verso il Suo unto, verso David e la sua
progenie, indefinitamente. Egli che fa regnare l'armonia
nei cieli, ponga con la Sua misericordia la pace su di noi
e sopra tutto Israel. Così sia.

יְראוּ אֶת־יְיָ קְדֹשָׁיו כִּי־אֵין מַחְסוֹר לִירֵאָיו:
כְּפִירִים רָשׁוּ וְרָעֵבוּ וְדֹרְשֵׁי יְיָ לֹא־יַחְסְרוּ
כָל־טוֹב: הוֹדוּ לַיְיָ כִּי־טוֹב כִּי לְעוֹלָם חַסְדּוֹ:
פּוֹתֵחַ אֶת־יָדֶךָ וּמַשְׂבִּיעַ לְכָל־חַי רָצוֹן: בָּרוּךְ
הַגֶּבֶר אֲשֶׁר יִבְטַח בַּיְיָ וְהָיָה יְיָ מִבְטַחוֹ: נַעַר
הָיִיתִי גַם זָקַנְתִּי וְלֹא רָאִיתִי צַדִּיק נֶעֱזָב וְזַרְעוֹ

salute, di conforto, di nutrimento, di alimento, di pietà, di vita, di pace e di ogni bene. Egli non ci privi d'alcun bene.

הָרַחֲמָן הוּא יִמְלוֹךְ עָלֵינוּ לְעוֹלָם וָעֶד: הָרַחֲמָן הוּא יִתְבָּרֵךְ בַּשָּׁמַיִם וּבָאָרֶץ: הָרַחֲמָן הוּא יִשְׁתַּבַּח לְדוֹר דּוֹרִים וְיִתְפָּאַר־בָּנוּ לָנֶצַח נְצָחִים וְיִתְהַדַּר בָּנוּ לָעַד וּלְעוֹלְמֵי עוֹלָמִים: הָרַחֲמָן הוּא יְפַרְנְסֵנוּ בְּכָבוֹד: הָרַחֲמָן הוּא יוֹלְכֵנוּ קוֹמְמִיּוּת לְאַרְצֵנוּ: הָרַחֲמָן הוּא יִשְׁלַח בְּרָכָה מְרֻבָּה בַּבַּיִת הַזֶּה וְעַל שֻׁלְחָן זֶה שֶׁאָכַלְנוּ עָלָיו: הָרַחֲמָן הוּא יִשְׁלַח־לָנוּ אֶת־אֵלִיָּהוּ הַנָּבִיא זָכוּר לַטּוֹב וִיבַשֶּׂר־לָנוּ בְּשׂוֹרוֹת טוֹבוֹת יְשׁוּעוֹת וְנֶחָמוֹת: הָרַחֲמָן הוּא יְבָרֵךְ אֶת (אָבִי מוֹרִי) בַּעַל הַבַּיִת הַזֶּה וְאֶת (אִמִּי מוֹרָתִי) בַּעֲלַת הַבַּיִת הַזֶּה אוֹתָם וְאֶת־בֵּיתָם וְאֶת־זַרְעָם וְאֶת־כָּל־אֲשֶׁר לָהֶם אוֹתָנוּ וְאֶת־כָּל־אֲשֶׁר לָנוּ וּכְמוֹ שֶׁבֵּרַךְ אֲבוֹתֵינוּ אַבְרָהָם יִצְחָק וְיַעֲקֹב בַּכֹּל מִכֹּל כֹּל כֵּן יְבָרֵךְ אֹתָנוּ כֻּלָּנוּ יַחַד בִּבְרָכָה שְׁלֵמָה וְנֹאמַר אָמֵן:

Il Misericordioso regni sopra di noi in perpetuo.

Il Misericordioso Sia benedetto in cielo ed in terra.

Il Misericordioso sia lodato in tutte le generazioni e sia glorificato in noi per l'eternità e sia esaltato in noi, sempre, in perpetuo.

Il Misericordioso ci alimenti con decoro.

Il Misericordioso spezzi il giogo che ci sta sul collo e ci riconduca a fronte alta, alla nostra terra.

Il Misericordioso mandi una copiosa benedizione in questa casa e su questa mensa, alla quale abbiamo mangiato.

Il Misericordioso ci mandi il profeta Elia, ricordato in bene, ad annunciarci con gioia redenzioni e consolazioni.

Il Misericordioso benedica il (mio padre e mio maestro) padrone di questa casa e la (mia madre e mia maestra) padrona di questa casa; li benedica insieme con la loro famiglia, con i loro figli e con tutto ciò che essi hanno; benedica noi e tutto ciò che abbiamo; nello stesso modo in cui furono benedetti i nostri padri Abramo, Isacco e Giacobbe, in ogni loro opera, da ogni parte, completamente, così Egli accordi a tutti noi insieme la Sua piena benedizione. E diciamo: Così sia.

עֵינֵינוּ כִּי אֵל מֶלֶךְ חַנּוּן וְרַחוּם אַתָּה:

Dio nostro e Dio dei nostri padri, possa elevarsi fino a Te, venire, giungere, essere presente e gradito a Te, essere ascoltato, accolto e da Te rievocato il ricordo di noi, il ricordo dei nostri padri, il ricordo del Mashiah figlio di David tuo servo, il ricordo di Jerushalaim, Tua santa città, il ricordo di tutto il Tuo popolo, della famiglia di Israel, come segno di riscatto, di bene, di grazia, di pietà, di misericordia, di vita, di pace, in questo giorno di festa delle Mazzot.

Ricordati di noi oggi, o Eterno, Dio nostro, per il bene; rivolgi a noi il Tuo pensiero in atto di benedizione; salvaci, oggi, per la vita. Con un atto di salute e di pietà, abbi compassione e misericordia di noi, mostraTi benigno verso di noi; salvaci! I nostri occhi non sono rivolti che a Te, poiché Tu sei Dio pietoso ed amoroso.

וּבְנֵה יְרוּשָׁלַ.ם עִיר הַקֹּדֶשׁ בִּמְהֵרָה בְיָמֵינוּ:

בָּרוּךְ אַתָּה יְיָ בּוֹנֵה בְרַחֲמָיו יְרוּשָׁלַ.ם אָמֵן:

Ricostruisci Jerushalaim, città santa, presto ai giorni nostri.

Benedetto sii Tu, o Eterno, che con un atto di pietà ricostruisci Jerushalaim. Così sia.

בָּרוּךְ אַתָּה יְיָ אֱלֹהֵינוּ מֶלֶךְ הָעוֹלָם הָאֵל אָבִינוּ מַלְכֵּנוּ אַדִּירֵנוּ בּוֹרְאֵנוּ גֹּאֲלֵנוּ יוֹצְרֵנוּ קְדוֹשֵׁנוּ קְדוֹשׁ יַעֲקֹב רוֹעֵנוּ רוֹעֵה יִשְׂרָאֵל, הַמֶּלֶךְ הַטּוֹב וְהַמֵּטִיב לַכֹּל שֶׁבְּכָל־יוֹם וָיוֹם הוּא הֵטִיב הוּא מֵטִיב הוּא יֵטִיב לָנוּ, הוּא גְּמָלָנוּ הוּא גוֹמְלֵנוּ הוּא יִגְמְלֵנוּ לָעַד לְחֵן וּלְחֶסֶד וּלְרַחֲמִים וּלְרֶוַח הַצָּלָה וְהַצְלָחָה בְּרָכָה וִישׁוּעָה נֶחָמָה פַּרְנָסָה וְכַלְכָּלָה וְרַחֲמִים וְחַיִּים וְשָׁלוֹם וְכָל־טוֹב, וּמִכָּל־טוּב אַל־יְחַסְּרֵנוּ:

Benedetto sii Tu, o Eterno, Dio nostro, Re del mondo; Tu che sei l'unico Dio, il padre nostro, il nostro Re, il nostro onnipotente Signore, il nostro creatore, il nostro redentore, il nostro autore, il nostro santo, il santo di Giacobbe, il nostro pastore, il pastore di Israel, il Re buono e benefico verso ogni essere, Colui che quotidianamente ci ha dimostrato, ci dimostra e ci dimostrerà la Sua benevolenza, che ci ha colmato, ci colma e ci colmerà sempre di grazia, di amore, di pietà, di sollievo, di salvezza, di prosperità, di benedizione, di nostro, Padre nostro, sii Tu il nostro pastore, sii Tu a darci il cibo, a porgerci il nutrimento, a fornirci l'alimento, a provvedere ai nostri bisogni. Liberaci presto, o Eterno, Dio nostro, da tutte le nostre ansie. Fa che non abbiamo bisogno, o Eterno, Dio nostro, né dei doni degli esseri mortali né dei loro prestiti, ma soltanto della Tua mano piena, aperta, santa e generosa sì che non abbiamo mai a vergognarci né a rimanere mortificati.

Se è Sabato si dice:

רְצֵה וְהַחֲלִיצֵנוּ יְיָ אֱלֹהֵינוּ בְּמִצְוֹתֶיךָ וּבְמִצְוַת יוֹם הַשְּׁבִיעִי הַשַּׁבָּת הַגָּדוֹל וְהַקָּדוֹשׁ הַזֶּה כִּי יוֹם זֶה גָּדוֹל וְקָדוֹשׁ הוּא לְפָנֶיךָ לִשְׁבָּת־בּוֹ וְלָנוּחַ בּוֹ בְּאַהֲבָה כְּמִצְוַת רְצוֹנֶךָ, בִּרְצוֹנְךָ הָנִיחַ לָנוּ יְיָ אֱלֹהֵינוּ שֶׁלֹּא תְהִי צָרָה וְיָגוֹן וַאֲנָחָה בְּיוֹם מְנוּחָתֵנוּ וְהַרְאֵנוּ יְיָ אֱלֹהֵינוּ בְּנֶחָמוֹת צִיּוֹן עִירֶךָ וּבְבִנְיַן יְרוּשָׁלַ.ם עִיר קָדְשֶׁךָ כִּי אַתָּה הוּא בַּעַל הַיְשׁוּעוֹת וּבַעַל הַנֶּחָמוֹת:

Fa, o Eterno, Dio nostro, che attingiamo un senso di vigore e di pace dall'adempimento dei Tuoi precetti e dall'osservanza del settimo giorno, di questo Sabato grande e sacro, poiché esso è per Te giorno grande e sacro, destinato alla cessazione del lavoro ed al riposo, con sentimento di amore, secondo il comandamento della Tua volontà. Concedi noi, o Eterno, Dio nostro, il sereno riposo che Tu desideri in modo che la sventura, il dolore e l'ansia non turbino il nostro giorno di pace. Concedi a noi di vedere Sion, la Tua città, riconfortata, e Jerushalaim, Tua santa città, ricostruita poiché Tu sei il Signore della salvezza, il Signore della consolazione.

אֱלֹהֵינוּ וֵאלֹהֵי אֲבוֹתֵינוּ, יַעֲלֶה וְיָבֹא וְיַגִּיעַ וְיֵרָאֶה וְיֵרָצֶה וְיִשָּׁמַע וְיִפָּקֵד וְיִזָּכֵר זִכְרוֹנֵנוּ וּפִקְדוֹנֵנוּ וְזִכְרוֹן אֲבוֹתֵינוּ, וְזִכְרוֹן מָשִׁיחַ בֶּן דָּוִד עַבְדֶּךָ, וְזִכְרוֹן יְרוּשָׁלַ.ם עִיר קָדְשֶׁךָ, וְזִכְרוֹן כָּל עַמְּךָ בֵּית יִשְׂרָאֵל לְפָנֶיךָ, לִפְלֵיטָה לְטוֹבָה לְחֵן וּלְחֶסֶד וּלְרַחֲמִים לְחַיִּים וּלְשָׁלוֹם בְּיוֹם חַג הַמַּצּוֹת הַזֶּה, זָכְרֵנוּ יְיָ אֱלֹהֵינוּ בּוֹ לְטוֹבָה, וּפָקְדֵנוּ בוֹ לִבְרָכָה וְהוֹשִׁיעֵנוּ בוֹ לְחַיִּים, וּבִדְבַר יְשׁוּעָה וְרַחֲמִים, חוּס וְחָנֵּנוּ, וְרַחֵם עָלֵינוּ וְהוֹשִׁיעֵנוּ, כִּי אֵלֶיךָ

שֶׁחֲתַמְתָּ בִּבְשָׂרֵנוּ וְעַל תּוֹרָתְךָ שֶׁלִּמַּדְתָּנוּ וְעַל
חֻקֶּיךָ שֶׁהוֹדַעְתָּנוּ וְעַל חַיִּים חֵן וָחֶסֶד שֶׁחוֹנַנְתָּנוּ
וְעַל אֲכִילַת מָזוֹן שֶׁאַתָּה זָן וּמְפַרְנֵס אוֹתָנוּ תָּמִיד
בְּכָל־יוֹם וּבְכָל־עֵת וּבְכָל־שָׁעָה:

Ti ringraziamo, o Eterno Dio nostro, perché concedesti
ai nostri padri una terra attraente, feconda e spaziosa,
perché ci traesti, o Eterno, dalla terra d'Egitto e ci
liberasti dal luogo della schiavitù; per il Tuo patto che
suggellasti nella nostra carne, per la tua Torà che ci
insegnasti, per le Tue norme che ci rendesti note, per la
vita, per l'amore, per la pietà che ci accordasti, per il
cibo con cui Tu ci alimenti e ci nutri, di continuo, ogni
giorno, in ogni stagione, in ogni ora.

וְעַל הַכֹּל יְיָ אֱלֹהֵינוּ אֲנַחְנוּ מוֹדִים לָךְ וּמְבָרְכִים
אוֹתָךְ יִתְבָּרַךְ שִׁמְךָ בְּפִי כָּל־חַי תָּמִיד לְעוֹלָם
וָעֶד: כַּכָּתוּב וְאָכַלְתָּ וְשָׂבָעְתָּ וּבֵרַכְתָּ אֶת־יְיָ
אֱלֹהֶיךָ עַל־הָאָרֶץ הַטּוֹבָה אֲשֶׁר נָתַן לָךְ, בָּרוּךְ
אַתָּה יְיָ עַל הָאָרֶץ וְעַל הַמָּזוֹן:

Per tutte queste cose, o Eterno, Dio nostro, noi Ti
rendiamo grazie e Ti benediciamo, sia benedetto il
Nome Tuo dalla bocca di ogni essere vivente, ogni
giorno, in perpetuo, come è scritto nella Torà: Mangerai
e ti sazierai e benedirai l'Eterno tuo Dio per il bel paese
che ti ha dato. Benedetto sii Tu, o Eterno, per la terra e
per il cibo.

רַחֵם יְיָ אֱלֹהֵינוּ עַל־יִשְׂרָאֵל עַמֶּךָ וְעַל יְרוּשָׁלַ ם
עִירֶךָ וְעַל צִיּוֹן מִשְׁכַּן כְּבוֹדֶךָ וְעַל מַלְכוּת בֵּית
דָּוִד מְשִׁיחֶךָ וְעַל הַבַּיִת הַגָּדוֹל וְהַקָּדוֹשׁ שֶׁנִּקְרָא
שִׁמְךָ עָלָיו: אֱלֹהֵינוּ אָבִינוּ רְעֵנוּ זוּנֵנוּ פַּרְנְסֵנוּ
וְכַלְכְּלֵנוּ הַרְוִיחֵנוּ וְהַרְוַח־לָנוּ יְיָ אֱלֹהֵינוּ מְהֵרָה
מִכָּל־צָרוֹתֵינוּ וְנָא אַל־תַּצְרִיכֵנוּ יְיָ אֱלֹהֵינוּ לֹא
לִידֵי מַתְּנַת בָּשָׂר וָדָם וְלֹא לִידֵי הַלְוָאָתָם כִּי אִם
לְיָדְךָ הַמְּלֵאָה הַפְּתוּחָה הַקְּדוֹשָׁה וְהָרְחָבָה שֶׁלֹּא
נֵבוֹשׁ וְלֹא נִכָּלֵם לְעוֹלָם וָעֶד:

Abbi pietà, o Eterno, Dio nostro, d'Israel tuo popolo, di
Jerushalaim tua città, del monte Sion che è sede della
Tua maestà, del regno del casato di David Tuo Mashiah,
della grande e sacra Casa dedicata al Tuo Nome! Dio

*Se invece si è **più di dieci** uomini adulti chi benedice invita:*

בִּרְשׁוּת מוֹרַי וְרַבּוֹתַי, נְבָרֵךְ אֱלֹהֵינוּ שֶׁאָכַלְנוּ
מִשֶּׁלּוֹ וּבְטוּבוֹ הַגָּדוֹל חָיִינוּ:

Maestri! Signori! Benediciamo il nostro Dio dei cui beni abbiamo mangiato e per la cui grande bontà viviamo!

I presenti rispondono:

בָּרוּךְ אֱלֹהֵינוּ שֶׁאָכַלְנוּ מִשֶּׁלּוֹ וּבְטוּבוֹ הַגָּדוֹל
חָיִינוּ:

Benedetto il nostro Dio dei cui beni abbiamo mangiato e per la cui grande bontà viviamo!

Chi benedice riprende:

בָּרוּךְ אֱלֹהֵינוּ שֶׁאָכַלְנוּ מִשֶּׁלּוֹ וּבְטוּבוֹ הַגָּדוֹל
חָיִינוּ:

Benedetto il nostro Dio dei cui beni abbiamo mangiato e per la cui grande bontà viviamo!

בָּרוּךְ אַתָּה יְיָ אֱלֹהֵינוּ מֶלֶךְ הָעוֹלָם הַזָּן
אֶת־הָעוֹלָם כֻּלּוֹ בְּטוּבוֹ בְּחֵן בְּחֶסֶד וּבְרַחֲמִים
הוּא נוֹתֵן לֶחֶם לְכָל־בָּשָׂר כִּי לְעוֹלָם חַסְדּוֹ,
וּבְטוּבוֹ הַגָּדוֹל תָּמִיד לֹא חָסַר לָנוּ וְאַל יֶחְסַר לָנוּ
מָזוֹן לְעוֹלָם וָעֶד, בַּעֲבוּר שְׁמוֹ הַגָּדוֹל כִּי הוּא זָן
וּמְפַרְנֵס לַכֹּל וּמֵטִיב לַכֹּל וּמֵכִין מָזוֹן
לְכָל־בְּרִיּוֹתָיו אֲשֶׁר בָּרָא, בָּרוּךְ אַתָּה יְיָ הַזָּן אֶת
הַכֹּל:

Benedetto sii Tu, Eterno, Dio nostro, Re del mondo, Colui che alimenta tutto l'universo: con la Sua bontà, con grazia, con pietà e con misericordia dà cibo ad ogni creatura, poiché la Sua pietà è infinita. Per la Sua grande bontà non ci mancò mai né mai ci mancherà alimento, per virtù del Suo Nome grande, poiché Egli alimenta, nutre e benefica tutti e procura il cibo per tutte le Sue creature che Egli creò. Benedetto sii Tu, o Eterno, che dai alimento a tutto il creato.

נוֹדֶה לְּךָ יְיָ אֱלֹהֵינוּ עַל שֶׁהִנְחַלְתָּ לַאֲבוֹתֵינוּ אֶרֶץ
חֶמְדָּה טוֹבָה וּרְחָבָה וְעַל שֶׁהוֹצֵאתָנוּ יְיָ אֱלֹהֵינוּ
מֵאֶרֶץ מִצְרַיִם וּפְדִיתָנוּ מִבֵּית עֲבָדִים וְעַל בְּרִיתְךָ

צָפוּן

Nascosto...

Al termine della cena, non appena i bambini avranno trovato l'afikomen, e comunque prima di mezzanotte (per non correre il rischio di essere sopraffatti dal sonno e non mangiarne o, al contrario, di calcolare male le ore e non mangiarne prima dell'alba, termine ultimo) ognuno ne mangia un pezzetto, appoggiato sul gomito sinistro, dicendo:

זֵכֶר לְקָרְבָּן פֶּסַח הַנֶּאֱכָל עַל הַשָּׂבָע:

In memoria del sacrificio di Pesah che si mangiava quando si era sazi.

Da questo momento è proibito mangiare alcunchè fino al mattino per conservare in bocca il sapore del "sacrificio pasquale". Si può bere.

ברכת המזון

Benedizione per il pasto.

(La traduzione della Bircat hamazon è adattata su quella di Dante Lattes.)

Si versa sia il terzo calice di vino sia quello del profeta Elia.

Se si è da tre a dieci uomini adulti chi benedice invita:

בִּרְשׁוּת מוֹרַי וְרַבּוֹתַי, נְבָרֵךְ שֶׁאָכַלְנוּ מִשֶּׁלוֹ:

Maestri! Signori! Benediciamo Colui dei cui beni abbiamo mangiato!

I presenti rispondono:

בָּרוּךְ שֶׁאָכַלְנוּ מִשֶּׁלוֹ וּבְטוּבוֹ הַגָּדוֹל חָיִינוּ:

Benedetto Colui dei cui beni abbiamo mangiato e per la cui grande bontà viviamo!

Chi benedice riprende:

בָּרוּךְ שֶׁאָכַלְנוּ מִשֶּׁלוֹ וּבְטוּבוֹ הַגָּדוֹל חָיִינוּ:

Benedetto Colui dei cui beni abbiamo mangiato e per la cui grande bontà viviamo!

מָרוֹר

Erba amara.

*Si recita sul maror (lattuga) la berahà per il precetto,
poi tutti ne intingono un pezzetto nel haroset e lo
mangiano.*

בָּרוּךְ אַתָּה יְיָ אֱלֹהֵינוּ מֶלֶךְ הָעוֹלָם אֲשֶׁר קִדְּשָׁנוּ
בְּמִצְוֹתָיו וְצִוָּנוּ עַל־אֲכִילַת מָרוֹר:

Benedetto Tu, o Signore, Dio nostro, Re del mondo, che
ci hai santificato con i Tuoi precetti e ci hai comandato
di mangiare l'erba amara.

כּוֹרֵךְ

...sandwich.

*Tutti prendono un pezzetto della terza azzima, lo
avvolgono nel maror (lattuga), lo intingono nel haroset
e lo mangiano, appoggiati sul gomito sinistro, dopo aver
detto:*

זֵכֶר לַמִּקְדָּשׁ כְּהִלֵּל הַזָּקֵן שֶׁהָיָה כּוֹרְכָן וְאוֹכְלָן
בְּבַת אַחַת לְקַיֵּם מַה שֶׁנֶּאֱמַר עַל־מַצּוֹת וּמְרוֹרִים
יֹאכְלֻהוּ:

In memoria del Tempio. Come faceva Hillel il vecchio,
che avvolgeva e mangiava tutto insieme per adempiere
alla lettera a quanto comanda la Torà: "lo mangeranno
(il sacrificio di Pesah) con azzima ed erba amara".

שֻׁלְחָן עוֹרֵךְ

Si cena.

*La cena, collocata tra le due parti dell'Hallel, diviene
anch'essa un momento spirituale. Inizia con un uovo
sodo, simbolo del lutto che dalla distruzione del Tempio
in poi accompagna anche le nostre occasioni più liete.*

*È opportuno dedicare le conversazioni agli argomenti
della serata ("... chi più ne parla merita lode!") e non
mangiare troppo per conservare un po' d'appetito per
l'afìkomen, simbolo del sacrificio pasquale che si
mangerà al termine della cena.*

רְחְצָה

Lavaggio delle mani.

*Essendo un obbligo lavarsi le mani prima di mangiare
del pane, tutti, preparandosi a mangiare la mazzà, si
lavano le mani recitando la relativa berahà.
Mantengono poi il silenzio fin ad aver adempiuto alla
mizvà della mazzà.*

בָּרוּךְ אַתָּה יְיָ אֱלֹהֵינוּ מֶלֶךְ הָעוֹלָם אֲשֶׁר קִדְּשָׁנוּ
בְּמִצְוֹתָיו וְצִוָּנוּ עַל נְטִילַת יָדַיִם:

Benedetto Tu, o Signore, Dio nostro, Re del mondo, che
ci hai santificato con i Tuoi precetti e ci hai comandato
di lavarci le mani.

מוֹצִיא מַצָּה

*Si recita la berahà sul pane sulla prima delle tre azzime.
Ma non si mangia subito.*

בָּרוּךְ אַתָּה יְיָ אֱלֹהֵינוּ מֶלֶךְ הָעוֹלָם, הַמּוֹצִיא
לֶחֶם מִן־הָאָרֶץ:

Benedetto Tu, o Signore, Dio nostro, Re del mondo, che
produci il pane dalla terra.

*Si recita sulla seconda mazzà, quella spezzata, la
berahà sull'obbligo di mangiarne. Subito dopo tutti,
preso un pezzetto di ciascuna azzima, li mangiano
congiuntamente, appoggiati sul gomito sinistro.*

בָּרוּךְ אַתָּה יְיָ אֱלֹהֵינוּ מֶלֶךְ הָעוֹלָם אֲשֶׁר קִדְּשָׁנוּ
בְּמִצְוֹתָיו וְצִוָּנוּ עַל־אֲכִילַת מַצָּה:

Benedetto Tu, o Signore, Dio nostro, Re del mondo, che
ci hai santificato con i Tuoi precetti e ci hai comandato
di mangiare la mazzà.

Si coprono le azzime e si solleva il calice:

בָּרוּךְ אַתָּה יְיָ אֱלֹהֵינוּ מֶלֶךְ הָעוֹלָם אֲשֶׁר גְּאָלָנוּ
וְגָאַל אֶת אֲבוֹתֵינוּ מִמִּצְרַיִם, וְהִגִּיעָנוּ הַלַּיְלָה
הַזֶּה לֶאֱכָל בּוֹ מַצָּה וּמָרוֹר, כֵּן יְיָ אֱלֹהֵינוּ וֵאלֹהֵי
אֲבוֹתֵינוּ יַגִּיעֵנוּ לְמוֹעֲדִים וְלִרְגָלִים אֲחֵרִים
הַבָּאִים לִקְרָאתֵנוּ לְשָׁלוֹם שְׂמֵחִים בְּבִנְיַן עִירָךְ
וְשָׂשִׂים בַּעֲבוֹדָתָךְ, וְנֹאכַל־שָׁם מִן־הַזְּבָחִים
וּמִן־הַפְּסָחִים אֲשֶׁר יַגִּיעַ דָּמָם עַל קִיר מִזְבֵּחֲךָ
לְרָצוֹן, וְנוֹדֶה לְךָ שִׁיר חָדָשׁ עַל גְּאֻלָּתֵנוּ וְעַל
פְּדוּת נַפְשֵׁנוּ, בָּרוּךְ אַתָּה יְיָ גָּאַל יִשְׂרָאֵל:

Benedetto Tu, o Signore, Dio nostro, Re del mondo, che
ci hai liberato e liberasti i nostri padri dall'Egitto e ci hai
fatto giungere a questa notte durante la quale mangiare
mazzà ed erbe amare. Voglia, Signore Dio nostro e Dio
dei nostri padri, farci giungere in pace ad altre ricorrenze
e feste a cui andiamo incontro, lieti per la riedificazione
della Tua città e gioiosi per il Tuo culto; lì mangeremo i
sacrifici ed i sacrifici di Pesah il cui sangue giungerà,
con Tuo gradimento, sulle pareti del Tuo altare; ed
allora ti ringrazieremo con un nuovo salmo per la nostra
redenzione e la redenzione della nostra anima.
Benedetto Tu, o Signore, che redimi Israel!

בָּרוּךְ אַתָּה יְיָ אֱלֹהֵינוּ מֶלֶךְ הָעוֹלָם בּוֹרֵא פְּרִי
הַגָּפֶן:

Benedetto Tu o Signore Dio nostro e Re del mondo,
creatore del frutto della vite.

*Detta la berahà, si beve, appoggiandosi sul gomito
sinistro, il **secondo calice** di vino per la nostra
liberazione da parte del Signore dalla schiavitù d'Egitto.*

הַלְלוּיָהּ הַלְלוּ עַבְדֵי יְיָ הַלְלוּ אֶת־שֵׁם יְיָ: יְהִי שֵׁם
יְיָ מְבֹרָךְ מֵעַתָּה וְעַד־עוֹלָם: מִמִּזְרַח־שֶׁמֶשׁ
עַד־מְבוֹאוֹ מְהֻלָּל שֵׁם יְיָ: רָם עַל־כָּל־גּוֹיִם יְיָ
עַל־הַשָּׁמַיִם כְּבוֹדוֹ: מִי כַּיְיָ אֱלֹהֵינוּ הַמַּגְבִּיהִי
לָשָׁבֶת: הַמַּשְׁפִּילִי לִרְאוֹת בַּשָּׁמַיִם וּבָאָרֶץ:
מְקִימִי מֵעָפָר דָּל מֵאַשְׁפֹּת יָרִים אֶבְיוֹן: לְהוֹשִׁיבִי
עִם־נְדִיבִים עִם נְדִיבֵי עַמּוֹ: מוֹשִׁיבִי עֲקֶרֶת הַבַּיִת
אֵם־הַבָּנִים שְׂמֵחָה הַלְלוּיָהּ:

Lodate l'Eterno, lodate, servi del Signore il Nome del
Signore! Sia il Nome del Signore benedetto ora e per
sempre! Da dove sorge a dove tramonta il sole, sia
lodato il Nome del Signore. Il Signore si innalza su tutti
i popoli, la sua gloria al di sopra dei cieli. Chi è pari al
Signore nostro Dio che dimora così alto e si abbassa a
considerare le cose del cielo e della terra? che solleva il
povero dalla polvere ed il bisognoso dal letamaio per
porli tra i principi, tra i principi del suo popolo? che
trasforma la donna sterile che se ne sta in casa in una
madre felice di figli? Lodate l'Eterno!

בְּצֵאת יִשְׂרָאֵל מִמִּצְרָיִם בֵּית יַעֲקֹב מֵעַם לֹעֵז:
הָיְתָה יְהוּדָה לְקָדְשׁוֹ יִשְׂרָאֵל מַמְשְׁלוֹתָיו: הַיָּם
רָאָה וַיָּנֹס הַיַּרְדֵּן יִסֹּב לְאָחוֹר: הֶהָרִים רָקְדוּ
כְאֵילִים גְּבָעוֹת כִּבְנֵי־צֹאן: מַה־לְּךָ הַיָּם כִּי תָנוּס
הַיַּרְדֵּן תִּסֹּב לְאָחוֹר: הֶהָרִים תִּרְקְדוּ כְאֵילִים
גְּבָעוֹת כִּבְנֵי־צֹאן: מִלִּפְנֵי אָדוֹן חוּלִי אָרֶץ מִלִּפְנֵי
אֱלוֹהַּ יַעֲקֹב: הַהֹפְכִי הַצּוּר אֲגַם־מָיִם חַלָּמִישׁ
לְמַעְיְנוֹ־מָיִם:

Uscendo Israel dall'Egitto, la casa di Giacobbe dal
popolo barbaro, Giuda divenne cosa sacra per il Signore,
Israel il Suo reame. Il mare vide e fuggì, il Giordano
scorreva all'indietro; i monti saltavano come arieti, le
colline come agnelli. Cosa hai, mare, per fuggire? e tu,
Giordano, per scorrere all'indietro? e voi, monti, per
saltare come arieti e voi colline come agnelli? Davanti al
Signore trema, o terra, davanti al Signore di Giacobbe
che trasforma la roccia in palude, la pietra in sorgente
d'acqua!

מִמִּצְרַיִם, שֶׁלֹּא אֶת אֲבוֹתֵינוּ בִּלְבַד גָּאַל הַקָּדוֹשׁ
בָּרוּךְ הוּא, אֶלָּא אַף אוֹתָנוּ גָּאַל עִמָּהֶם, שֶׁנֶּאֱמַר
וְאוֹתָנוּ הוֹצִיא מִשָּׁם לְמַעַן הָבִיא אֹתָנוּ לָתֶת לָנוּ
אֶת־הָאָרֶץ אֲשֶׁר נִשְׁבַּע לַאֲבֹתֵינוּ:

**In ogni generazione ognuno deve considerare se
stesso come personalmente uscito dall'Egitto,** poiché
la Torà dice: narrerai a tuo figlio in quel giorno dicendo:
questo è per ciò che il Signore fece per me quando uscii
dall'Egitto.

Non solo i nostri padri furono liberati dal Santo,
benedetto Egli sia, ma anche noi con essi, come è detto
nella Torà: e noi fece uscire di lì per portarci alla terra
promessa ai nostri padri e darcela.

Si coprono le mazzot, si solleva il calice:

לְפִיכָךְ אֲנַחְנוּ חַיָּבִים, לְהוֹדוֹת, לְהַלֵּל, לְשַׁבֵּחַ,
לְפָאֵר, לְרוֹמֵם, לְהַדֵּר, וּלְקַלֵּם, לְמִי שֶׁעָשָׂה
לַאֲבוֹתֵינוּ וְלָנוּ אֶת כָּל הַנִּסִּים הָאֵלּוּ, הוֹצִיאָנוּ
מֵעַבְדוּת לְחֵרוּת, וּמִשִּׁעְבּוּד לִגְאוּלָה, וּמִיָּגוֹן
לְשִׂמְחָה, וּמֵאֵבֶל לְיוֹם טוֹב, וּמֵאֲפֵלָה לְאוֹר
גָּדוֹל, וְנֹאמַר לְפָנָיו הַלְלוּיָהּ:

Per questo è nostro dovere ringraziare, lodare,
glorificare, esaltare, celebrare, benedire, innalzare e
magnificare Colui che ha fatto per i nostri padri e per
noi tutti questi miracoli, traendoci dalla schiavitù alla
libertà, dalla tristezza alla gioia, dal lutto alla festa, dal
buio alla luce abbagliante, dal servaggio alla redenzione!
Diciamo dinnanzi a Lui: Lodate l'Eterno!

Si posa il calice e si scoprono le azzime.

*Inizia l'Hallel, un insieme di salmi gioiosi che secondo
il Gaon di Vilna sono "l'espressione di gratitudine a Dio
del popolo ebraico per la completa liberazione".*

*Questa è l'unica occasione in cui l'Hallel è cantato di
notte: ma questa è la notte della redenzione che secondo
il salmo 139 "Dio illuminerà come giorno!"*

*Si cantano ora solo i primi due salmi dell'Hallel che si
riferiscono alla liberazione dall'Egitto, oggetto di
quanto letto sinora. Il resto, che si riferisce alla venuta
del Masciah, verrà cantato dopo la cena quando
saranno preannunciati i miracoli della seconda e
definitiva redenzione.*

עֲלֵיהֶם מֶלֶךְ מַלְכֵי הַמְּלָכִים הַקָּדוֹשׁ בָּרוּךְ הוּא
וּגְאָלָם מִיָּד, שֶׁנֶּאֱמַר וַיֹּאפוּ אֶת־הַבָּצֵק אֲשֶׁר
הוֹצִיאוּ מִמִּצְרַיִם עֻגֹת מַצּוֹת כִּי לֹא חָמֵץ
כִּי־גֹרְשׁוּ מִמִּצְרַיִם וְלֹא יָכְלוּ לְהִתְמַהְמֵהַּ
וְגַם־צֵדָה לֹא־עָשׂוּ לָהֶם:

Questa mazzà che noi mangiamo, perché la mangiamo?

Perché la pasta dei nostri padri non ebbe tempo di
lievitare quando si rivelò loro il Re dei re, il Santo,
benedetto egli sia, e li liberò d'improvviso. Come dice la
Torà: e cossero la pasta che avevano portato dall'Egitto
facendone pane azzimo perché la pasta non era lievitata
in quanto erano stati cacciati dall'Egitto e non avevano
potuto attardarsi, tanto che non si erano fatti provviste.

Si mostra, alzandolo, il maror, erba amara.

*Usiamo la lattuga, le cui prime foglie, quelle che
abitualmente mangiamo, sono dolci ma divengono poi
sempre più amare. Così è la schiavitù, che all'inizio può
anche essere rassicurante, con tutte le responsabilità
nelle mani del "padrone", ma poi diviene sempre più
insopportabile.*

Si dice:

מָרוֹר

זֶה שֶׁאָנוּ אוֹכְלִים, עַל שׁוּם מָה, עַל שׁוּם שֶׁמֵּרְרוּ
הַמִּצְרִים אֶת חַיֵּי אֲבוֹתֵינוּ בְּמִצְרַיִם, שֶׁנֶּאֱמַר,
וַיְמָרְרוּ אֶת־חַיֵּיהֶם בַּעֲבֹדָה קָשָׁה, בְּחֹמֶר
וּבִלְבֵנִים וּבְכָל־עֲבֹדָה בַּשָּׂדֶה אֵת כָּל־עֲבֹדָתָם
אֲשֶׁר־עָבְדוּ בָהֶם בְּפָרֶךְ:

Questa erba amara che noi mangiamo, perché la
mangiamo?

Perché gli egiziani resero amara la vita dei nostri padri
in Egitto come è detto nella Torà: resero amara la loro
vita con duro lavoro di calce e mattoni, e lavori nei
campi; a tutti i lavori furono costretti con oppressione.

בְּכָל־דּוֹר וָדוֹר חַיָּב אָדָם לְהַרְאוֹת אֶת עַצְמוֹ
כְּאִלּוּ הוּא יָצָא מִמִּצְרַיִם, שֶׁנֶּאֱמַר, וְהִגַּדְתָּ לְבִנְךָ
בַּיּוֹם הַהוּא לֵאמֹר, בַּעֲבוּר זֶה עָשָׂה יְיָ לִי בְּצֵאתִי

פֶּסַח, מַצָּה וּמָרוֹר

Sacrificio pasquale, pane azzimo ed erba amara.

*La spiegazione delle mizvot e dei simboli di Pesah, che
ora segue, è forse la parte più importante del seder.*

*Abbiamo appena letto l'esortazione di Ramban Gamliel
ad approfondire il significato delle mizvot oltre,
naturalmente, ad eseguirle.*

*Per questo, più di ogni altra parte dell'Haggadà, questa
deve essere tradotta perché tutti la comprendano.*

*Occorre notare che l'Haggadà usa l'aggettivo "questo"
quando si riferisce a mazzà e maror, ma non quando si
riferisce al capretto. Lo zampetto che abbiamo davanti è
infatti solo il ricordo del vero sacrificio che dopo la
distruzione del Tempio non possiamo più eseguire.*

Quindi, senza toccare lo zampetto, si dice:

פֶּסַח

שֶׁהָיוּ אֲבוֹתֵינוּ אוֹכְלִים בִּזְמַן שֶׁבֵּית הַמִּקְדָּשׁ
קַיָּם, עַל שׁוּם מָה, עַל שׁוּם שֶׁפֶּסַח הַקָּדוֹשׁ בָּרוּךְ
הוּא עַל בָּתֵּי אֲבוֹתֵינוּ בְּמִצְרַיִם, שֶׁנֶּאֱמַר
וַאֲמַרְתֶּם זֶבַח־פֶּסַח הוּא לַיְיָ אֲשֶׁר פָּסַח עַל־בָּתֵּי
בְנֵי־יִשְׂרָאֵל בְּמִצְרַיִם בְּנָגְפּוֹ אֶת־מִצְרַיִם,
וְאֶת־בָּתֵּינוּ הִצִּיל, וַיִּקֹּד הָעָם וַיִּשְׁתַּחֲווּ:

Il capretto sacrificato a Pesah, che i nostri padri
mangiavano all'epoca in cui esisteva il Tempio di
Jerushalaim, perché lo mangiavano?

Perché il Santo, benedetto Egli sia, passò oltre le case
dei nostri padri in Egitto come è detto nella Torà: Direte:
questo è il sacrificio di Pesah al Signore che passò oltre
le case dei figli di Israel quando colpì gli egiziani
salvando le nostre case. Ed il popolo si inchinò e si
prostrò.

Si mostra, alzandola, la mazzà spezzata e si dice:

מַצָּה

זוֹ שֶׁאָנוּ אוֹכְלִים, עַל שׁוּם מָה, עַל שׁוּם שֶׁלֹּא
הִסְפִּיק בְּצֵקָם שֶׁל אֲבוֹתֵינוּ לְהַחֲמִיץ, עַד שֶׁנִּגְלָה

ma non ci avesse alimentato con la manna:

ci sarebbe bastato!

Se ci avesse alimentato con la manna,
ma non ci avesse dato lo Shabbat:

ci sarebbe bastato!

Se ci avesse dato lo Shabbat,
ma non ci avesse avvicinato al monte Sinai:

ci sarebbe bastato!

Se ci avesse avvicinato al monte Sinai,
ma non ci avesse dato la Torà

ci sarebbe bastato!

Se ci avesse dato la Torà,
ma non ci avesse fatto entrare in Erez Israel:

ci sarebbe bastato!

Se ci avesse fatto entrare in Erez Israel,
ma non ci avesse costruito il Tempio:

ci sarebbe bastato!

עַל אַחַת כַּמָּה וְכַמָּה טוֹבָה כְּפוּלָה וּמְכֻפֶּלֶת
לַמָּקוֹם עָלֵינוּ, הוֹצִיאָנוּ מִמִּצְרַיִם, עָשָׂה בָהֶם
שְׁפָטִים, עָשָׂה בֵאלֹהֵיהֶם, הָרַג בְּכוֹרֵיהֶם, נָתַן
לָנוּ אֶת מָמוֹנָם, קָרַע לָנוּ אֶת הַיָּם, הֶעֱבִירָנוּ
בְתוֹכוֹ בֶּחָרָבָה, שִׁקַּע צָרֵינוּ בְּתוֹכוֹ, סִפֵּק צָרְכֵנוּ
בַּמִּדְבָּר אַרְבָּעִים שָׁנָה, הֶאֱכִילָנוּ אֶת הַמָּן, נָתַן
לָנוּ אֶת הַשַּׁבָּת, קֵרְבָנוּ לִפְנֵי הַר סִינַי, נָתַן לָנוּ
אֶת הַתּוֹרָה, הִכְנִיסָנוּ לְאֶרֶץ יִשְׂרָאֵל, וּבָנָה לָנוּ
אֶת בֵּית הַבְּחִירָה לְכַפֵּר עַל כָּל עֲוֹנוֹתֵינוּ:

Se una sola di queste benevolenze ci sarebbe bastata,
quanto dobbiamo essere grati al Signore che:

ci ha fatto uscire dall'Egitto, ha fatto giustizia degli
egiziani, ha fatto giustizia dei loro dei, ha ucciso i loro
primogeniti, ci ha dato le loro ricchezze, ha diviso per
noi il mar Rosso, ce lo ha fatto attraversare all'asciutto,
vi ha affondato i nostri persecutori, ha provveduto ai
nostri bisogni nel deserto per quarant'anni, ci ha
alimentato con la manna, ci ha dato lo Shabbat, ci ha
avvicinato al monte Sinai, ci ha dato la Torà, ci ha fatto
entrare in Erez Israel, e ha costruito per noi il Tempio
per farci espiare tutte le nostre colpe.

רַבָּן גַּמְלִיאֵל הָיָה אוֹמֵר, כָּל מִי שֶׁלֹּא אָמַר
שְׁלוֹשָׁה דְבָרִים אֵלּוּ בַּפֶּסַח לֹא יָצָא יְדֵי חוֹבָתוֹ,
וְאֵלּוּ הֵן,

Rabban Gamliel soleva dire: chi, di Pesah, non
pronuncia queste tre parole, non ha adempiuto alla
mizvà di ricordare l'uscita dall'Egitto; esse sono:

וְלֹא סִפֵּק צָרְכֵּנוּ בַּמִּדְבָּר אַרְבָּעִים שָׁנָה   דַּיֵּנוּ:

אִלּוּ סִפֵּק צָרְכֵּנוּ בַּמִּדְבָּר אַרְבָּעִים שָׁנָה

וְלֹא הֶאֱכִילָנוּ אֶת הַמָּן   דַּיֵּנוּ:

אִלּוּ הֶאֱכִילָנוּ אֶת הַמָּן

וְלֹא נָתַן לָנוּ אֶת הַשַּׁבָּת   דַּיֵּנוּ:

אִלּוּ נָתַן לָנוּ אֶת הַשַּׁבָּת

וְלֹא קֵרְבָנוּ לִפְנֵי הַר סִינַי   דַּיֵּנוּ:

אִלּוּ קֵרְבָנוּ לִפְנֵי הַר סִינַי

וְלֹא נָתַן לָנוּ אֶת הַתּוֹרָה   דַּיֵּנוּ:

אִלּוּ נָתַן לָנוּ אֶת הַתּוֹרָה

וְלֹא הִכְנִיסָנוּ לְאֶרֶץ יִשְׂרָאֵל   דַּיֵּנוּ:

אִלּוּ הִכְנִיסָנוּ לְאֶרֶץ יִשְׂרָאֵל

וְלֹא בָּנָה לָנוּ אֶת בֵּית הַמִּקְדָּשׁ   דַּיֵּנוּ:

Se ci avesse fatto uscire dall'Egitto,
ma non avesse fatto giustizia degli egiziani:
                    ci sarebbe bastato!
Se avesse fatto giustizia degli egiziani,
ma non dei loro dei:
                    ci sarebbe bastato!
Se avesse fatto giustizia dei loro dei,
ma non avesse ucciso i loro primogeniti:
                    ci sarebbe bastato!
Se avesse ucciso i loro primogeniti,
ma non ci avesse dato le loro ricchezze:
                    ci sarebbe bastato!
Se ci avesse dato le loro ricchezze,
ma non avesse diviso per noi il mar Rosso:
                    ci sarebbe bastato!
Se avesse diviso per noi il mar Rosso,
ma non ce lo avesse fatto attraversare all'asciutto:
                    ci sarebbe bastato!
Se ce lo avesse fatto attraversare all'asciutto,
ma non vi avesse affondato i nostri persecutori:
                    ci sarebbe bastato!
Se vi avesse affondato i nostri persecutori,
ma non avesse provveduto ai nostri bisogni nel deserto
per quarant'anni:
                    ci sarebbe bastato!
Se avesse provveduto ai nostri bisogni nel deserto per
quarant'anni,

חֲרוֹן אַפּוֹ אַחַת, עֶבְרָה שְׁתַּיִם, וָזַעַם שָׁלוֹשׁ, וְצָרָה אַרְבַּע, מִשְׁלַחַת מַלְאֲכֵי רָעִים חָמֵשׁ, אֱמוֹר מֵעַתָּה בְּמִצְרַיִם לָקוּ חֲמִשִּׁים מַכּוֹת וְעַל הַיָּם לָקוּ מָאתַיִם וַחֲמִשִּׁים מַכּוֹת:

Rabbì Akivà si chiedeva: come si deduce che ogni singola piaga che il Santo, benedetto Egli sia, impose agli egiziani in Egitto era terribile come cinque piaghe?

Come è detto nei Salmi: Egli scaricò su di essi il suo furore, l'ira, la furia e la disgrazia, una turba di angeli cattivi. Il furore conta per uno; l'ira, due; la furia, tre; la disgrazia, quattro; gli angeli cattivi, cinque. Quindi le dieci piaghe in Egitto in realtà valevano per cinquanta; ma sul mar Rosso (secondo il ragionamento che le quintuplica) gli egiziani ne subirono duecentocinquanta.

כַּמָּה מַעֲלוֹת טוֹבוֹת לַמָּקוֹם עָלֵינוּ:

Quante benevolenze il Signore ci ha concesso!

אִלּוּ הוֹצִיאָנוּ מִמִּצְרַיִם

דַּיֵּינוּ: וְלֹא עָשָׂה בָהֶם שְׁפָטִים

אִלּוּ עָשָׂה בָהֶם שְׁפָטִים

דַּיֵּינוּ: וְלֹא עָשָׂה בֵאלֹהֵיהֶם

אִלּוּ עָשָׂה בֵאלֹהֵיהֶם

דַּיֵּינוּ: וְלֹא הָרַג בְּכוֹרֵיהֶם

אִלּוּ הָרַג בְּכוֹרֵיהֶם

דַּיֵּינוּ: וְלֹא נָתַן לָנוּ אֶת מָמוֹנָם

אִלּוּ נָתַן לָנוּ אֶת מָמוֹנָם

דַּיֵּינוּ: וְלֹא קָרַע לָנוּ אֶת הַיָּם

אִלּוּ קָרַע לָנוּ אֶת הַיָּם

דַּיֵּינוּ: וְלֹא הֶעֱבִירָנוּ בְתוֹכוֹ בֶּחָרָבָה

אִלּוּ הֶעֱבִירָנוּ בְתוֹכוֹ בֶּחָרָבָה

דַּיֵּינוּ: וְלֹא שִׁקַּע צָרֵינוּ בְּתוֹכוֹ

אִלּוּ שִׁקַּע צָרֵינוּ בְּתוֹכוֹ

הַגְּדֹלָה אֲשֶׁר עָשָׂה יְיָ בְּמִצְרַיִם וַיִּירְאוּ הָעָם
אֶת־יְיָ וַיַּאֲמִינוּ בַּייָ וּבְמֹשֶׁה עַבְדּוֹ:

Rabbì Jossi il Galileo diceva: come si dimostra che gli
egiziani subirono dieci piaghe in Egitto e cinquanta sul
mar Rosso? Delle piaghe d'Egitto la Torà dice: allora i
maghi dissero al faraone: questo è il dito di Dio. Di
quanto avvenne sul mar Rosso la Torà dice: ed Israel
vide la mano potente con cui il Signore aveva colpito gli
egiziani; ed il popolo temette il Signore ed ebbe fiducia
in Lui e nel Suo servo Mosè.

כַּמָּה לָקוּ בְּאֶצְבַּע, עֶשֶׂר מַכּוֹת, אֱמוֹר מֵעַתָּה
בְּמִצְרַיִם לָקוּ עֶשֶׂר מַכּוֹת, וְעַל הַיָּם לָקוּ חֲמִשִּׁים
מַכּוֹת:

Quante ne presero per un "dito"? Dieci. Quindi se in
Egitto subirono dieci piaghe, sul mar Rosso, dalla
"mano", ne subirono cinquanta.

רַבִּי אֱלִיעֶזֶר אוֹמֵר, מִנַּיִן שֶׁכָּל־מַכָּה וּמַכָּה
שֶׁהֵבִיא הַקָּדוֹשׁ בָּרוּךְ הוּא עַל הַמִּצְרִים בְּמִצְרַיִם
הָיְתָה שֶׁל אַרְבַּע מַכּוֹת, שֶׁנֶּאֱמַר יְשַׁלַּח־בָּם חֲרוֹן
אַפּוֹ עֶבְרָה וָזַעַם וְצָרָה מִשְׁלַחַת מַלְאֲכֵי רָעִים:
עֶבְרָה אַחַת, וָזַעַם שְׁתַּיִם, וְצָרָה שָׁלוֹשׁ, מִשְׁלַחַת
מַלְאֲכֵי רָעִים אַרְבַּע, אֱמוֹר מֵעַתָּה בְּמִצְרַיִם לָקוּ
אַרְבָּעִים מַכּוֹת וְעַל הַיָּם לָקוּ מָאתַיִם מַכּוֹת:

Rabbì Eliezer si chiedeva: come si deduce che ogni
singola piaga che il Santo, benedetto Egli sia, impose
agli egiziani in Egitto era terribile come quattro piaghe?

Come è detto nei Salmi: Egli scaricò su di essi il Suo
furore, l'ira, la furia e la disgrazia, una turba di angeli
cattivi. L'ira conta per uno; la furia, due; la disgrazia,
tre, gli angeli cattivi, quattro. Quindi le dieci piaghe in
Egitto in realtà valevano per quaranta; ma sul mar Rosso
(secondo il ragionamento del paragrafo precedente che
le quintuplica) gli egiziani ne subirono duecento.

רַבִּי עֲקִיבָה אוֹמֵר, מִנַּיִן שֶׁכָּל־מַכָּה וּמַכָּה
שֶׁהֵבִיא הַקָּדוֹשׁ בָּרוּךְ הוּא עַל הַמִּצְרִים בְּמִצְרַיִם
הָיְתָה שֶׁל חָמֵשׁ מַכּוֹת, שֶׁנֶּאֱמַר יְשַׁלַּח־בָּם חֲרוֹן
אַפּוֹ עֶבְרָה וָזַעַם וְצָרָה מִשְׁלַחַת מַלְאֲכֵי רָעִים:

*Menzionando ora ogni piaga, e poi le iniziali che Rabbì
Jehudà utilizzava per ricordarne più facilmente l'ordine
preciso, si versa, con il dito immerso nel vino, un po'
dello stesso fino a vuotare il calice.*

*Il riferimento è agli egiziani che riconobbero nelle
piaghe la manifestazione divina esclamando: "Questo è
il dito di Dio!".*

*Il vino versato non viene bevuto in considerazione del
dolore e dei lutti portati dalle piaghe.*

אֵלּוּ עֶשֶׂר מַכּוֹת שֶׁהֵבִיא הַקָּדוֹשׁ בָּרוּךְ הוּא עַל
הַמִּצְרִים בְּמִצְרַיִם, וְאֵלּוּ הֵן,

Queste sono le dieci piaghe che il Santo, benedetto Egli
sia, inflisse agli egiziani in Egitto e cioè:

דָּם, צְפַרְדֵּעַ, כִּנִּים, עָרוֹב, דֶּבֶר,
שְׁחִין, בָּרָד, אַרְבֶּה, חֹשֶׁךְ,
מַכַּת בְּכוֹרוֹת:

sangue, rane, pidocchi, bestie feroci,
mortalità, ulcere, grandine, cavallette,
oscurità,

morte dei primogeniti.

רַבִּי יְהוּדָה הָיָה נוֹתֵן בָּהֶם סִימָנִים,

Rabbì Jehudà riepilogava così le iniziali delle piaghe:

דְּצַ"ךְ, עַדַ"שׁ, בְּאַחַ"ב.

DEZAH, ADASH, BEAHAV.

Si riempie il calice appena vuotato.

רַבִּי יוֹסֵי הַגְּלִילִי אוֹמֵר, מִנַּיִן אַתָּה אוֹמֵר שֶׁלָּקוּ
הַמִּצְרִים בְּמִצְרַיִם עֶשֶׂר מַכּוֹת, וְעַל הַיָּם לָקוּ
חֲמִשִּׁים מַכּוֹת, בְּמִצְרַיִם מַה הוּא אוֹמֵר, וַיֹּאמְרוּ
הַחַרְטֻמִּים אֶל־פַּרְעֹה אֶצְבַּע אֱלֹהִים הוּא, וְעַל
הַיָּם מַה הוּא אוֹמֵר, וַיַּרְא יִשְׂרָאֵל אֶת־הַיָּד

che Dio venisse a prendersi un popolo in mezzo ad un altro popolo con prodigi, con segni, con miracoli; e combattendo con mano forte, con braccio disteso e con grande terrore come tutte le cose che il Signore vostro Dio ha fatto per voi in Egitto, davanti ai vostri occhi?

וּבְאֹתוֹת, זֶה הַמַּטֶּה, כְּמָה שֶׁנֶּאֱמַר, וְאֶת־הַמַּטֶּה הַזֶּה תִּקַּח בְּיָדֶךָ אֲשֶׁר תַּעֲשֶׂה בּוֹ אֶת־הָאֹתֹת:

...**con segni**: ci si riferisce alla verga (di Mosè) come è detto nella Torà: prendi in mano questa verga e con essa farai i segni.

וּבְמוֹפְתִים, זֶה הַדָּם, כְּמָה שֶׁנֶּאֱמַר, וְנָתַתִּי מוֹפְתִים בַּשָּׁמַיִם וּבָאָרֶץ, דָּם, וָאֵשׁ וְתִמְרוֹת עָשָׁן:

...**e con miracoli**: il riferimento è al sangue (prima piaga) come dice il profeta Gioele: farò miracoli in cielo ed in terra: sangue, fuoco e colonne di fumo.

דָּבָר אַחֵר, בְּיָד חֲזָקָה שְׁתַּיִם, וּבִזְרֹעַ נְטוּיָה שְׁתַּיִם, וּבְמֹרָא גָּדֹל שְׁתַּיִם, וּבְאֹתוֹת שְׁתַּיִם, וּבְמֹפְתִים שְׁתַּיִם:

Secondo un'altra interpretazione ogni allocuzione rappresenta due delle dieci piaghe: due con mano forte, due con braccio disteso, due con grande terrore, due con segni, due con miracoli.

בְּאֶרֶץ־מִצְרַיִם מֵאָדָם וְעַד־בְּהֵמָה, וּבְכָל־אֱלֹהֵי מִצְרַיִם אֶעֱשֶׂה שְׁפָטִים, אֲנִי יְיָ:

Ed il Signore ci fece uscire dall'Egitto non mandando un angelo, non mandando un Serafino, non mandando un incaricato, bensì provvide direttamente nella Sua gloria il Santo benedetto Egli sia. Come ci dice la Torà: Io attraverserò la Terra d'Egitto quella notte; Io ucciderò ogni primogenito degli egiziani, uomo o bestia; Io farò giustizia degli dei degli egiziani: Io sono il Signore.

וְעָבַרְתִּי בְאֶרֶץ־מִצְרַיִם, אֲנִי וְלֹא מַלְאָךְ, וְהִכֵּיתִי כָל־בְּכוֹר, אֲנִי וְלֹא שָׂרָף, וּבְכָל־אֱלֹהֵי מִצְרַיִם אֶעֱשֶׂה שְׁפָטִים, אֲנִי וְלֹא שָׁלִיחַ, אֲנִי יְיָ, אֲנִי הוּא וְלֹא אַחֵר:

Io attraverserò la Terra d'Egitto, Io e non un angelo; Io ucciderò ogni primogenito degli egiziani, Io e non un Serafino; Io farò giustizia degli dei degli egiziani, Io e non un incaricato. Io sono il Signore, Io, non altri.

בְּיָד חֲזָקָה, זוֹ הַדֶּבֶר, כְּמָה שֶׁנֶּאֱמַר, הִנֵּה יַד־יְיָ הוֹיָה בְּמִקְנְךָ אֲשֶׁר בַּשָּׂדֶה בַּסּוּסִים בַּחֲמֹרִים בַּגְּמַלִּים בַּבָּקָר וּבַצֹּאן דֶּבֶר כָּבֵד מְאֹד:

Con mano forte: l'allusione è alla mortalità del bestiame (quinta piaga) in quanto la Torà dice: ecco, la mano del Signore colpirà le tue bestie in campagna, i cavalli, gli asini, i cammelli, i bovini e gli ovini con una gravissima mortalità.

וּבִזְרֹעַ נְטוּיָה, זוֹ הַחֶרֶב, כְּמָה שֶׁנֶּאֱמַר, וְחַרְבּוֹ שְׁלוּפָה בְּיָדוֹ נְטוּיָה עַל יְרוּשָׁלָ.ִם:

...e con braccio disteso: Si allude alla spada, come è detto nelle Cronache: teneva in mano una spada sguainata, distesa su Jerushalaim.

וּבְמֹרָא גָּדֹל, זוֹ גִּלּוּי שְׁכִינָה, כְּמָה שֶׁנֶּאֱמַר אוֹ הֲנִסָּה אֱלֹהִים לָבוֹא לָקַחַת לוֹ גּוֹי מִקֶּרֶב גּוֹי בְּמַסֹּת בְּאֹתֹת וּבְמוֹפְתִים וּבְמִלְחָמָה וּבְיָד חֲזָקָה וּבִזְרוֹעַ נְטוּיָה וּבְמוֹרָאִים גְּדֹלִים כְּכֹל אֲשֶׁר־עָשָׂה לָכֶם יְיָ אֱלֹהֵיכֶם בְּמִצְרַיִם לְעֵינֶיךָ:

...con grande terrore: si accenna alla manifestazione della presenza divina, come dice la Torà: è mai successo

וַיִּשְׁמַע יְיָ אֶת־קֹלֵנוּ, כְּמָה שֶׁנֶּאֱמַר, וַיִּשְׁמַע
אֱלֹהִים אֶת־נַאֲקָתָם וַיִּזְכֹּר אֱלֹהִים אֶת־בְּרִיתוֹ
אֶת־אַבְרָהָם אֶת־יִצְחָק וְאֶת־יַעֲקֹב:

Ed il Signore ascoltò le nostre voci come è detto nella
Torà: e sentì il Signore il loro grido e si ricordò il
Signore del Suo patto con Abramo, con Isacco e con
Giacobbe.

וַיַּרְא אֶת־עָנְיֵנוּ, זוֹ פְּרִישׁוּת דֶּרֶךְ אֶרֶץ, כְּמָה
שֶׁנֶּאֱמַר, וַיַּרְא אֱלֹהִים אֶת־בְּנֵי יִשְׂרָאֵל וַיֵּדַע
אֱלֹהִים:

E vide la nostra afflizione: si allude alla separazione
dei coniugi (che evitavano di procreare figli destinati a
sicura morte), come dice la Torà: Dio vide i figli di
Israel e rivolse loro la Sua attenzione.

וְאֶת־עֲמָלֵנוּ, אֵלּוּ הַבָּנִים, כְּמָה שֶׁנֶּאֱמַר, כָּל־הַבֵּן
הַיִּלּוֹד הַיְאֹרָה תַּשְׁלִיכֻהוּ וְכָל־הַבַּת תְּחַיּוּן:

...ed il nostro dolore: a causa dei figli. La Torà dice:
ogni maschio che nasce sarà gettato nel fiume, ma ogni
femmina potrà vivere.

וְאֶת־לַחֲצֵנוּ, זֶה הַדְּחַק, כְּמָה שֶׁנֶּאֱמַר,
וְגַם־רָאִיתִי אֶת־הַלַּחַץ אֲשֶׁר מִצְרַיִם לֹחֲצִים
אֹתָם:

...e la nostra oppressione: si riferisce alle angherie
come è detto nella Torà: ho visto le angherie con cui gli
egiziani li opprimono.

וַיּוֹצִיאֵנוּ יְיָ מִמִּצְרַיִם בְּיָד חֲזָקָה וּבִזְרֹעַ נְטוּיָה
וּבְמֹרָא גָּדֹל וּבְאֹתוֹת וּבְמֹפְתִים:

Ed il Signore ci fece uscire dall'Egitto con mano
potente e con braccio disteso, con grande terrore, con
segni e con miracoli.

וַיּוֹצִיאֵנוּ יְיָ מִמִּצְרַיִם, לֹא עַל יְדֵי מַלְאָךְ, וְלֹא עַל
יְדֵי שָׂרָף, וְלֹא עַל יְדֵי שָׁלִיחַ, אֶלָּא הַקָּדוֹשׁ בָּרוּךְ
הוּא בִּכְבוֹדוֹ וּבְעַצְמוֹ, שֶׁנֶּאֱמַר, וְעָבַרְתִּי
בְאֶרֶץ־מִצְרַיִם בַּלַּיְלָה הַזֶּה, וְהִכֵּיתִי כָל־בְּכוֹר

וַיָּרֵעוּ אֹתָנוּ הַמִּצְרִים, כְּמָה שֶׁנֶּאֱמַר הָבָה
נִתְחַכְּמָה לוֹ פֶּן־יִרְבֶּה וְהָיָה כִּי תִקְרֶאנָה מִלְחָמָה
וְנוֹסַף גַּם־הוּא עַל שׂוֹנְאֵינוּ וְנִלְחַם בָּנוּ וְעָלָה מִן
הָאָרֶץ:

Gli Egiziani ci maltrattarono come dice la Torà: Su!
affrontiamoli con intelligenza così che non si
moltiplichino e non accada che in caso di guerra
possano unirsi ai nostri nemici, combattere contro di noi
e lasciare il paese.

וַיְעַנּוּנוּ, כְּמָה שֶׁנֶּאֱמַר, וַיָּשִׂימוּ עָלָיו שָׂרֵי מִסִּים
לְמַעַן עַנֹּתוֹ בְּסִבְלֹתָם וַיִּבֶן עָרֵי מִסְכְּנוֹת לְפַרְעֹה
אֶת־פִּתֹם וְאֶת־רַעַמְסֵס:

Ci oppressero: La Torà narra: imposero su di essi
sovrintendenti con il compito di opprimerli con
angherie. Ed essi costruirono per il faraone le città
deposito di Pitom e Ramses.

וַיִּתְּנוּ עָלֵינוּ עֲבֹדָה קָשָׁה, כְּמָה שֶׁנֶּאֱמַר, וַיַּעֲבִדוּ
מִצְרַיִם אֶת־בְּנֵי יִשְׂרָאֵל בְּפָרֶךְ:

Ci imposero una pesante schiavitù. La Torà dice: Gli
egiziani fecero lavorare da schiavi i figli di Israel con
crudeltà.

וַנִּצְעַק אֶל־יְיָ אֱלֹהֵי אֲבֹתֵינוּ וַיִּשְׁמַע יְיָ אֶת־קֹלֵנוּ
וַיַּרְא אֶת־עָנְיֵנוּ וְאֶת־עֲמָלֵנוּ וְאֶת־לַחֲצֵנוּ:

**Ed alzammo il nostro grido al Signore Dio dei nostri
padri; e il Signore ascoltò le nostre voci e vide la
nostra afflizione, il nostro dolore e la nostra
oppressione.**

וַנִּצְעַק אֶל־יְיָ אֱלֹהֵי אֲבֹתֵינוּ, כְּמָה שֶׁנֶּאֱמַר, וַיְהִי
בַיָּמִים הָרַבִּים הָהֵם וַיָּמָת מֶלֶךְ מִצְרַיִם וַיֵּאָנְחוּ
בְנֵי־יִשְׂרָאֵל מִן־הָעֲבֹדָה וַיִּזְעָקוּ וַתַּעַל שַׁוְעָתָם
אֶל־הָאֱלֹהִים מִן־הָעֲבֹדָה:

**Ed alzammo il nostro grido al Signore Dio dei nostri
padri** come dice la Torà: ed ecco, col trascorrere di
tanto tempo, che morì il re d'Egitto, ed i figli di Israel si
lamentavano e gemevano per il peso della schiavitù; ed
il loro grido di schiavi salì fino a Dio.

בְּאֶרֶץ כְּנָעַן, וְעַתָּה יֵשְׁבוּ־נָא עֲבָדֶיךָ בְּאֶרֶץ גֹּשֶׁן:

Scese in Egitto costretto da un ordine divino; vi dimorò, cioè vi soggiornò senza intenzione di stabilirvisi come si desume dalla Torà che dice: (I fratelli di Giuseppe) dissero al faraone: siamo venuti in questa terra a soggiornarvi poiché i tuoi servi non hanno più pascolo per le loro greggi a causa della pesante carestia in terra di Canaan; ti preghiamo dunque, lascia che i tuoi servi dimorino nella terra di Goshen.

בִּמְתֵי מְעָט, כְּמָה שֶׁנֶּאֱמַר בְּשִׁבְעִים נֶפֶשׁ יָרְדוּ אֲבֹתֶיךָ מִצְרָיְמָה וְעַתָּה שָׂמְךָ יְיָ אֱלֹהֶיךָ כְּכוֹכְבֵי הַשָּׁמַיִם לָרֹב:

Con una piccola famiglia, come dice la Torà: Erano settanta anime quando i tuoi padri scesero in Egitto ed ora il Signore tuo Dio ti ha reso per moltitudine simile alle stelle del cielo.

וַיְהִי שָׁם לְגוֹי גָּדוֹל, מְלַמֵּד שֶׁהָיוּ יִשְׂרָאֵל מְצֻיָּנִים שָׁם לְגוֹי גָּדוֹל וְעָצוּם, כְּמָה שֶׁנֶּאֱמַר וּבְנֵי יִשְׂרָאֵל פָּרוּ וַיִּשְׁרְצוּ וַיִּרְבּוּ וַיַּעַצְמוּ בִּמְאֹד מְאֹד וַתִּמָּלֵא הָאָרֶץ אֹתָם:

E lì divenne una grande nazione: la Torà ci insegna che Israel era già allora una nazione distinta; forte: come è detto: ed i figli di Israel furono prolifici, crebbero e si moltiplicarono sempre di più finché il paese era affollato da loro.

וָרָב, כְּמָה שֶׁנֶּאֱמַר רְבָבָה כְּצֶמַח הַשָּׂדֶה נְתַתִּיךָ, וַתִּרְבִּי וַתִּגְדְּלִי וַתָּבֹאִי בַּעֲדִי עֲדָיִים, שָׁדַיִם נָכֹנוּ וּשְׂעָרֵךְ צִמֵּחַ וְאַתְּ עֵרֹם וְעֶרְיָה:

E numerosa come dice il profeta Ezechiele: Ti ho resa numerosa come l'erba dei campi, sei cresciuta, sei divenuta grande, splendida in bellezza; il seno ti si è formato, la capigliatura è foltissima quando prima eri nuda e scoperta.

וַיָּרֵעוּ אֹתָנוּ הַמִּצְרִים וַיְעַנּוּנוּ וַיִּתְּנוּ עָלֵינוּ עֲבֹדָה קָשָׁה:

Gli egiziani ci maltrattarono, ci oppressero e ci imposero una pesante schiavitù.

Si solleva il secondo calice per ringraziare il Signore di averci liberato dalla schiavitù, dopo aver coperto le mazzot del piatto del seder per non farle passare in secondo piano nei confronti della mizvà del secondo calice di vino.

וְהִיא שֶׁעָמְדָה לַאֲבוֹתֵינוּ וְלָנוּ, שֶׁלֹּא אֶחָד בִּלְבַד עָמַד עָלֵינוּ לְכַלּתֵנוּ, אֶלָּא שֶׁבְּכָל דּוֹר וָדוֹר עוֹמְדִים עָלֵינוּ לְכַלּוֹתֵנוּ, וְהַקָּדוֹשׁ בָּרוּךְ הוּא מַצִּילֵנוּ מִיָּדָם:

È quella promessa che ha sostenuto i nostri padri e noi stessi; perché non è che uno solo si levò contro di noi per sterminarci ma anzi, in ogni generazione c'è qualcuno che vuole distruggerci ed il Santo, benedetto Egli sia ci salva dalle loro mani.

Si posa il calice e si scoprono le mazzot.

צֵא וּלְמַד מַה בִּקֵּשׁ לָבָן הָאֲרַמִּי לַעֲשׂוֹת לְיַעֲקֹב אָבִינוּ, שֶׁפַּרְעֹה לֹא גָזַר אֶלָּא עַל הַזְּכָרִים וְלָבָן בִּקֵּשׁ לַעֲקוֹר אֶת הַכֹּל, שֶׁנֶּאֱמַר אֲרַמִּי אֹבֵד אָבִי, וַיֵּרֶד מִצְרַיְמָה וַיָּגָר־שָׁם בִּמְתֵי מְעָט וַיְהִי שָׁם לְגוֹי גָּדוֹל עָצוּם וָרָב:

Vai ed impara ciò che Labano l'arameo tentò di fare al nostro padre Giacobbe. Il faraone ordinò di sterminare solo i bambini maschi; Labano tentò invece di distruggerci tutti come dice la Torà: L'arameo voleva distruggere mio padre; e lui **scese in Egitto, vi dimorò con una piccola famiglia e lì divenne una grande nazione, forte e numerosa.**

*Da questo punto la Haggadà procede proponendo quattro versi della Torà (Deut. XXVI, 5-8) che raccontano il primo **la discesa in Egitto**, il secondo **l'oppressione da parte degli egiziani**, il terzo **la richiesta di aiuto a Dio**, il quarto **l'uscita dall'Egitto**, racchiudendo così in poche parole tutta la storia della schiavitù e della liberazione. Ognuno dei versi viene prima citato per intero, poi analizzato parola per parola portando a supporto dell'interpretazione un altro verso biblico.*

וַיֵּרֶד מִצְרַיְמָה, אָנוּס עַל פִּי הַדִּבּוּר, וַיָּגָר שָׁם, מְלַמֵּד שֶׁלֹּא יָרַד לְהִשְׁתַּקֵּעַ אֶלָּא לָגוּר שָׁם, שֶׁנֶּאֱמַר וַיֹּאמְרוּ אֶל־פַּרְעֹה לָגוּר בָּאָרֶץ בָּאנוּ כִּי־אֵין מִרְעֶה לַצֹּאן אֲשֶׁר לַעֲבָדֶיךָ כִּי־כָבֵד הָרָעָב

מִתְּחִלָּה עוֹבְדֵי עֲבוֹדָה זָרָה הָיוּ אֲבוֹתֵינוּ וְעַכְשָׁיו
קֵרְבָנוּ הַמָּקוֹם לַעֲבוֹדָתוֹ, שֶׁנֶּאֱמַר וַיֹּאמֶר יְהוֹשֻׁעַ
אֶל־כָּל־הָעָם, כֹּה־אָמַר יְיָ אֱלֹהֵי יִשְׂרָאֵל, בְּעֵבֶר
הַנָּהָר יָשְׁבוּ אֲבוֹתֵיכֶם מֵעוֹלָם, תֶּרַח אֲבִי
אַבְרָהָם וַאֲבִי נָחוֹר, וַיַּעַבְדוּ אֱלֹהִים אֲחֵרִים:

A tutt'inizio i nostri padri prestavano culti idolatrici, ma
ora il Signore ci ha portato al suo culto come è detto: E
disse Giosuè a tutto il popolo: così disse il Signore Dio
di Israele: Anticamente i vostri padri risedevano
dall'altra parte del fiume (Eufrate) e riverivano altri dei,
anche Terah, padre di Abramo e padre di Nahor.

וָאֶקַּח אֶת־אֲבִיכֶם אֶת־אַבְרָהָם מֵעֵבֶר הַנָּהָר
וָאוֹלֵךְ אוֹתוֹ בְּכָל־אֶרֶץ כְּנָעַן, וָאַרְבֶּה אֶת־זַרְעוֹ
וָאֶתֵּן לוֹ אֶת־יִצְחָק, וָאֶתֵּן לְיִצְחָק אֶת־יַעֲקֹב
וְאֶת־עֵשָׂו, וָאֶתֵּן לְעֵשָׂו אֶת־הַר שֵׂעִיר לָרֶשֶׁת
אוֹתוֹ, וְיַעֲקֹב וּבָנָיו יָרְדוּ מִצְרָיִם:

Io presi vostro padre Abramo dall'altra parte del fiume e
lo feci peregrinare per tutta la terra di Canaan e
moltiplicai la sua discendenza e gli diedi Isacco.
Ad Isacco diedi Giacobbe ed Esaù. Esaù ebbe in retaggio il
monte Seir, mentre Giacobbe ed i suoi figli scesero in
Egitto.

בָּרוּךְ שׁוֹמֵר הַבְטָחָתוֹ לְיִשְׂרָאֵל, בָּרוּךְ הוּא,
שֶׁהַקָּדוֹשׁ בָּרוּךְ הוּא מְחַשֵּׁב אֶת הַקֵּץ, לַעֲשׂוֹת
כְּמָה שֶׁאָמַר לְאַבְרָהָם אָבִינוּ בִּבְרִית בֵּין
הַבְּתָרִים, שֶׁנֶּאֱמַר וַיֹּאמֶר לְאַבְרָם יָדֹעַ תֵּדַע כִּי
גֵר יִהְיֶה זַרְעֲךָ בְּאֶרֶץ לֹא לָהֶם וַעֲבָדוּם וְעִנּוּ
אֹתָם אַרְבַּע מֵאוֹת שָׁנָה, וְגַם אֶת־הַגּוֹי אֲשֶׁר
יַעֲבֹדוּ דָן אָנֹכִי וְאַחֲרֵי כֵן יֵצְאוּ בִּרְכֻשׁ גָּדוֹל:

Benedetto Colui che mantiene la sua promessa ad Israel,
benedetto Egli sia! Quando il Santo, benedetto Egli sia,
stabilì il termine della schiavitù lo fece per rispettare
quanto fu promesso ad Abramo nel "patto tra le
partizioni". Narra la Torà: Disse ad Abramo: Sappi per
certo che i tuoi discendenti saranno stranieri in terra non
loro; saranno ridotti in schiavitù e maltrattati per
quattrocento anni. Ma poi il popolo che li ridurrà in
schiavitù, subirà la mia giustizia; ed alla fine ne
usciranno con grandi ricchezze.

רָשָׁע מַה הוּא אוֹמֵר, מָה הָעֲבוֹדָה הַזֹּאת לָכֶם, לָכֶם וְלֹא לוֹ, וּלְפִי שֶׁהוֹצִיא אֶת עַצְמוֹ מִן הַכְּלָל כָּפַר בָּעִקָּר, אַף אַתָּה הַקְהֵה אֶת שִׁנָּיו וֶאֱמוֹר לוֹ, בַּעֲבוּר זֶה עָשָׂה יְיָ לִי בְּצֵאתִי מִמִּצְרָיִם, לִי וְלֹא לוֹ, וְאִלּוּ הָיָה שָׁם לֹא הָיָה נִגְאָל:

Il cattivo cosa dice? Cosa è questa vostra cerimonia? Vostra, non sua. Come se si mettesse fuori dalla comunità degli altri ebrei. Tu gli risponderai provocatoriamente dicendogli: Tutto ciò è per quanto il Signore fece per me quando uscii dall'Egitto. Dirai per me, non per lui, perché se fosse stato lì non sarebbe stato liberato.

תָּם מַה הוּא אוֹמֵר מַה זֹּאת, וְאָמַרְתָּ אֵלָיו בְּחֹזֶק יָד הוֹצִיאָנוּ יְיָ מִמִּצְרַיִם מִבֵּית עֲבָדִים:

Il semplice cosa dice? Domanda: che succede? Gli risponderai: con la sua potenza ci fece uscire il Signore dall'Egitto, dal luogo della schiavitù.

וְשֶׁאֵינוֹ יוֹדֵעַ לִשְׁאַל אַתְּ פְּתַח לוֹ, שֶׁנֶּאֱמַר וְהִגַּדְתָּ לְבִנְךָ בַּיּוֹם הַהוּא לֵאמֹר בַּעֲבוּר זֶה עָשָׂה יְיָ לִי בְּצֵאתִי מִמִּצְרָיִם:

E con colui che non sa porre le domande, apri tu, donna, il discorso come è comandato nella Torà: ne parlerai a tuo figlio in quel giorno dicendogli: questo è per ciò che il Signore fece per me quando uscii dall'Egitto.

יָכוֹל מֵרֹאשׁ חֹדֶשׁ, תַּלְמוּד לוֹמַר בַּיּוֹם הַהוּא, אִי בַּיּוֹם הַהוּא יָכוֹל מִבְּעוֹד יוֹם, תַּלְמוּד לוֹמַר בַּעֲבוּר זֶה, בַּעֲבוּר זֶה לֹא אָמַרְתִּי, אֶלָּא בְּשָׁעָה שֶׁמַּצָּה וּמָרוֹר מֻנָּחִים לְפָנֶיךָ:

Si potrebbe cominciare a dare queste spiegazioni ai figli dall'inizio del mese di Nissan (due settimane prima) per adempiere al precetto? Il Talmud sottolinea che la Torà dice: in quel giorno, il giorno del sacrificio di Pesah. Allora si potrebbe farlo quando è ancora giorno? No, il Talmud fa notare che la Torà dice: "Questo è per ciò ...". "Questo..." è qualcosa di concreto: la mazzà ed il maror! quindi il momento giusto è quello in cui li hai davanti : la sera della vigilia di Pesah.

יְמֵי חַיֶּיךָ הַיָּמִים, כֹּל יְמֵי חַיֶּיךָ הַלֵּילוֹת, וַחֲכָמִים
אוֹמְרִים יְמֵי חַיֶּיךָ הָעוֹלָם הַזֶּה, כֹּל יְמֵי חַיֶּיךָ
לְהָבִיא לִימוֹת הַמָּשִׁיחַ:

Rabbì Elazar Ben Azarià disse loro: Sono come un uomo di settant'anni (per aspetto canuto e saggezza, malgrado l'età giovanile) eppure non ho mai capito come si desuma dalla Torà l'obbligo di narrare dell'uscita dall'Egitto di notte, finché il figlio di Zomà non lo spiegò. Nella frase della Torà "perché tu possa ricordarti del giorno in cui uscisti dall'Egitto tutti i giorni della tua vita" i "giorni della tua vita" indicano solo i giorni; la parola "tutti" non è pleonastica ma è aggiunta per includere le notti. I Maestri invece ritengono che dicendo "i giorni della tua vita" il riferimento sarebbe stato alla vita terrena; l'aggiunta di "tutti" è per includere l'era del Mashiah.

בָּרוּךְ הַמָּקוֹם בָּרוּךְ הוּא, בָּרוּךְ שֶׁנָּתַן תּוֹרָה
לְעַמּוֹ יִשְׂרָאֵל, בָּרוּךְ הוּא:

Benedetto il Signore, benedetto Egli sia! Benedetto Colui che ha dato la Torà al suo popolo di Israel! Benedetto Egli sia!

כְּנֶגֶד אַרְבָּעָה בָנִים דִּבְּרָה תוֹרָה, אֶחָד חָכָם,
וְאֶחָד רָשָׁע, וְאֶחָד תָּם, וְאֶחָד שֶׁאֵינוֹ יוֹדֵעַ
לִשְׁאֹל:

La Torà parla di quattro tipi di figli (quando ci impone il precetto di raccontare loro dell'uscita dall'Egitto): il saggio, il cattivo, il semplice e colui che non sa porre domande .

חָכָם מַה הוּא אוֹמֵר, מַה הָעֵדֹת וְהַחֻקִּים
וְהַמִּשְׁפָּטִים אֲשֶׁר צִוָּה יְיָ אֱלֹהֵינוּ אֶתְכֶם, אַף
אַתָּה אֱמֹר לוֹ כְּהִלְכוֹת הַפֶּסַח, אֵין מַפְטִירִין
אַחַר הַפֶּסַח אֲפִיקוֹמֶן:

Il saggio cosa dice? Quali sono i precetti, gli statuti e le leggi che vi ha comandato il Signore nostro Dio? Tu gli spiegherai in risposta le regole di Pesah fino alla proibizione di mangiare alcunché dopo aver mangiato al termine del pasto il sacrificio pasquale (che oggi è rappresentato simbolicamente da un pezzetto della terza azzima, afikomen.)

Perché tutte le altre sere mangiamo composti o appoggiati sul gomito e stasera solo appoggiati sul gomito?

Il piatto del seder è riportato sul tavolo, completo di uovo e zampetto.

עֲבָדִים הָיִינוּ לְפַרְעֹה בְּמִצְרַיִם, וַיּוֹצִיאֵנוּ יְיָ אֱלֹהֵינוּ מִשָּׁם בְּיָד חֲזָקָה וּבִזְרוֹעַ נְטוּיָה, וְאִלּוּ לֹא הוֹצִיא הַקָּדוֹשׁ בָּרוּךְ הוּא אֶת אֲבוֹתֵינוּ מִמִּצְרַיִם, עֲדַיִן אָנוּ וּבָנֵינוּ וּבְנֵי בָנֵינוּ מְשֻׁעְבָּדִים הָיִינוּ לְפַרְעֹה בְּמִצְרַיִם: וַאֲפִילוּ כֻּלָּנוּ חֲכָמִים, כֻּלָּנוּ נְבוֹנִים, כֻּלָּנוּ יוֹדְעִים אֶת הַתּוֹרָה מִצְוָה עָלֵינוּ לְסַפֵּר בִּיצִיאַת מִצְרַיִם, וְכָל הַמַּרְבֶּה לְסַפֵּר בִּיצִיאַת מִצְרַיִם הֲרֵי זֶה מְשֻׁבָּח:

Un tempo fummo schiavi del Faraone in Egitto e di là ci fece uscire l'Eterno, nostro Dio, con mano forte e braccio disteso. E se il Santo, benedetto Egli sia, non avesse fatto uscire i nostri padri dall'Egitto, ancora oggi noi, i nostri figli ed i figli dei nostri figli, saremmo sottomessi al Faraone in Egitto. Per questo, anche se fossimo tutti saggi, tutti intelligenti, tutti istruiti nella Torà, sarebbe comunque nostro dovere narrare dell'uscita dall'Egitto; e chi più si dilunga nel raccontare l'uscita dall'Egitto fa cosa lodevole.

מַעֲשֶׂה בְּרַבִּי אֱלִיעֶזֶר וְרַבִּי יְהוֹשֻׁעַ וְרַבִּי אֶלְעָזָר בֶּן עֲזַרְיָה וְרַבִּי עֲקִיבָא וְרַבִּי טַרְפוֹן שֶׁהָיוּ מְסֻבִּין בִּבְנֵי בְרַק, וְהָיוּ מְסַפְּרִים בִּיצִיאַת מִצְרַיִם כָּל אוֹתוֹ הַלַּיְלָה עַד שֶׁבָּאוּ תַלְמִידֵיהֶם וְאָמְרוּ לָהֶם רַבּוֹתֵינוּ הִגִּיעַ זְמַן קְרִיאַת שְׁמַע שֶׁל שַׁחֲרִית:

Successe a rabbì Eliezer, rabbì Jeoshua, rabbì Elazar ben Azaria, rabbì Akivà e rabbì Tarfon, che si erano riuniti per il Seder a Benè-Berak, di continuare a parlare dell'uscita dall'Egitto per tutta la notte; finché vennero i loro discepoli e gli dissero: "Maestri! è giunta l'ora dello Shemà del mattino!"

אָמַר לָהֶם רַבִּי אֶלְעָזָר בֶּן עֲזַרְיָה, הֲרֵי אֲנִי כְּבֶן שִׁבְעִים שָׁנָה, וְלֹא זָכִיתִי שֶׁתֵּאָמֵר יְצִיאַת מִצְרַיִם בַּלֵּילוֹת עַד שֶׁדְּרָשָׁהּ בֶּן זוֹמָא שֶׁנֶּאֱמַר לְמַעַן תִּזְכֹּר אֶת יוֹם צֵאתְךָ מֵאֶרֶץ מִצְרַיִם כֹּל יְמֵי חַיֶּיךָ,

Questo è il pane dell'afflizione che i nostri padri mangiarono in terra d'Egitto: chiunque abbia fame venga e mangi; chiunque abbia bisogno venga e celebri Pesah. Quest'anno siamo qui, l'anno prossimo saremo in terra d'Israele; quest'anno siamo qui schiavi, l'anno prossimo saremo in terra di Israele, uomini liberi.

Si riempie (reciprocamente) il secondo calice di vino.

Il piatto del seder viene tolto dalla tavola per stuzzicare la curiosità dei bambini più piccoli che chiedono:

מַה נִּשְׁתַּנָּה הַלַּיְלָה הַזֶּה מִכָּל־
הַלֵּילוֹת.

Cosa differenzia questa sera da tutte le altre sere?

שֶׁבְּכָל הַלֵּילוֹת אֵין אָנוּ מַטְבִּילִין
אֲפִילוּ פַּעַם אֶחָת, וְהַלַּיְלָה הַזֶּה
שְׁתֵּי פְעָמִים:

Perché tutte le altre sere non intingiamo (le verdure) neppure una volta e stasera invece due volte?

שֶׁבְּכָל הַלֵּילוֹת אָנוּ אוֹכְלִין חָמֵץ
אוֹ מַצָּה, וְהַלַּיְלָה הַזֶּה כֻּלּוֹ מַצָּה:

Perché tutte le altre sere mangiamo pane lievitato e non lievitato e stasera solo mazzà?

שֶׁבְּכָל הַלֵּילוֹת אָנוּ אוֹכְלִין שְׁאָר
יְרָקוֹת, וְהַלַּיְלָה הַזֶּה מָרוֹר:

Perché tutte le altre sere mangiamo ogni tipo di verdura e stasera erbe amare?

שֶׁבְּכָל הַלֵּילוֹת אָנוּ אוֹכְלִין בֵּין
יוֹשְׁבִין וּבֵין מְסֻבִּין, וְהַלַּיְלָה הַזֶּה
כֻּלָּנוּ מְסֻבִּין:

יַחַץ

Divisione della mazzà.

Si spezza in due l'azzima di mezzo.

La Torà chiama la mazzà "il pane del povero" ed il povero deve accontentarsi dei frammenti...

Ma "lehem oni" può anche essere tradotto "il pane su cui si da la risposta": quindi è giusto che sia posto in evidenza in questo momento in cui le risposte ai perché della ricorrenza stanno per essere date.

Il pezzo più grande sarà nascosto ed i bambini dovranno ritrovarlo al termine del pasto (è l'afikomen); l'altro viene di nuovo posto tra le due altre mazzot.

מַגִּיד

Racconto.

Inizia la narrazione: ed il primo brano non è in ebraico ma in aramaico, la lingua del popolino all'epoca del Talmud. Questo ci indica che è permesso e desiderabile interrompere la narrazione codificata nell'Haggadà ogni qualvolta si voglia tradurre in italiano o approfondire un concetto.

Tutti sollevano insieme il piatto del seder con le mazzot scoperte per mostrare i simboli di Pesah (dopo aver però tolto lo zampetto e l'uovo, simboli dei due sacrifici della giornata, ad evitare che possano essere scambiati per i veri sacrifici, non più possibili dopo la distruzione del Tempio).

הָא לַחְמָא עַנְיָא דִי אֲכָלוּ אַבְהָתָנָא
בְּאַרְעָא דְמִצְרָיִם. כָּל דִּכְפִין יֵיתֵי וְיֵכֹל,
כָּל דִּצְרִיךְ יֵיתֵי וְיִפְסַח. הָשַׁתָּא הָכָא,
לְשָׁנָה הַבָּאָה בְּאַרְעָא דְיִשְׂרָאֵל. הָשַׁתָּא
עַבְדֵי, לְשָׁנָה הַבָּאָה בְּאַרְעָא דְיִשְׂרָאֵל
בְּנֵי חוֹרִין:

וּרְחַץ

Lavaggio delle mani.

*Il conduttore del seder si lava le mani senza
pronunciare la relativa berahà. Secondo alcuni tutti se
le lavano.*

*Lo si fa perché si sta per mangiare una verdura. Non
mancano tra i maestri complesse ed articolate
discussioni pro e contro la berahà prima di mangiare
una verdura intinta in un liquido. Comunque è un gesto
poco usuale che comincia a richiamare l'attenzione dei
bambini sulla diversità della serata.*

כַּרְפַּס

Carpas.

*Il pasto degli uomini liberi al tempo del Talmud iniziava
con delle verdure, per questo iniziamo con un ... piccolo
aperitivo! Attenzione però! Non confondiamo questa
prima verdura con le erbe amare intintinte nel Haroset
che mangeremo più tardi adempiendo all'ordine della
Torà e che hanno, come vedremo, ben altro significato.*

*Intingiamo un piccolo pezzo di sedano nell'aceto o
nell'acqua salata e recitiamo la berahà sulle verdure
prima di mangiarlo:*

בָּרוּךְ אַתָּה יְיָ אֱלֹהֵינוּ מֶלֶךְ הָעוֹלָם בּוֹרֵא פְּרִי
הָאֲדָמָה:

Benedetto Tu, o Signore, Dio nostro, Re del mondo,
creatore dei frutti della terra.

ו 6

*Di fronte al fuoco di una candela con più stoppini si
dice:*

בָּרוּךְ אַתָּה יְיָ אֱלֹהֵינוּ מֶלֶךְ הָעוֹלָם בּוֹרֵא מְאוֹרֵי
הָאֵשׁ:

Benedetto Tu, o Signore, creatore delle luci del fuoco.

בָּרוּךְ אַתָּה יְיָ אֱלֹהֵינוּ מֶלֶךְ הָעוֹלָם הַמַּבְדִּיל בֵּין
קֹדֶשׁ לְחוֹל וּבֵין אוֹר לְחֹשֶׁךְ וּבֵין יִשְׂרָאֵל לָעַמִּים
וּבֵין יוֹם הַשְּׁבִיעִי לְשֵׁשֶׁת יְמֵי הַמַּעֲשֶׂה, בֵּין
קְדוּשַׁת שַׁבָּת לִקְדוּשַׁת יוֹם טוֹב הִבְדַּלְתָּ וְאֶת
יוֹם הַשְּׁבִיעִי מִשֵּׁשֶׁת יְמֵי הַמַּעֲשֶׂה הִקְדַּשְׁתָּ
וְהִבְדַּלְתָּ, וְהִקְדַּשְׁתָּ אֶת עַמְּךָ יִשְׂרָאֵל בִּקְדוּשָׁתָךְ,
בָּרוּךְ אַתָּה יְיָ הַמַּבְדִּיל בֵּין קֹדֶשׁ לְקֹדֶשׁ:

Benedetto Tu, o Signore, Dio nostro, Re del mondo, che
distingui tra il giorno santificato ed il giorno feriale, tra
la luce ed il buio, tra Israel e gli altri popoli, tra il
settimo giorno e gli altri sei giorni della creazione. Hai
distinto tra la santità del Sabato e quella del giorno di
festa, hai santificato il settimo giorno al di sopra dei sei
giorni della creazione, hai distinto e santificato il Tuo
popolo Israel con la Tua Santità; benedetto Tu, o
Signore che distingui tra santità e santità.

Entrambe le sere si dice:

בָּרוּךְ אַתָּה יְיָ אֱלֹהֵינוּ מֶלֶךְ הָעוֹלָם שֶׁהֶחֱיָנוּ
וְקִיְּמָנוּ וְהִגִּיעָנוּ לַזְּמַן הַזֶּה:

Benedetto Tu, o Signore, Dio nostro, Re del mondo che
ci hai mantenuto in vita, ci hai conservato e ci hai fatto
giungere a questo momento.

*Si beve il **primo calice di vino**. È il ringraziamento al
Signore per la nostra sottrazione alle angherie degli
egiziani.*

*Lo si fa stando appoggiati sul gomito sinistro, come cioè
al tempo del Talmud usavano fare gli uomini liberi.*

Queste sono le ricorrenze del Signore, riunioni sacre che convocherete nei tempi prestabiliti.

סַבְרִי מָרָנָן

Col permesso dei presenti!

בָּרוּךְ אַתָּה יְיָ אֱלֹהֵינוּ מֶלֶךְ הָעוֹלָם בּוֹרֵא פְּרִי
הַגָּפֶן:

Benedetto Tu o Signore Dio nostro e Re del mondo creatore del frutto della vite.

בָּרוּךְ אַתָּה יְיָ אֱלֹהֵינוּ מֶלֶךְ הָעוֹלָם אֲשֶׁר בָּחַר
בָּנוּ מִכָּל עַם וְרוֹמְמָנוּ מִכָּל לָשׁוֹן וְקִדְּשָׁנוּ
בְּמִצְוֹתָיו וַתִּתֶּן לָנוּ יְיָ אֱלֹהֵינוּ בְּאַהֲבָה (שַׁבָּתוֹת
לִמְנוּחָה וּ) מוֹעֲדִים לְשִׂמְחָה חַגִּים וּזְמַנִּים
לְשָׂשׂוֹן אֶת יוֹם (הַשַּׁבָּת הַזֶּה וְאֶת יוֹם) חַג
הַמַּצּוֹת הַזֶּה אֶת יוֹם טוֹב מִקְרָא קֹדֶשׁ הַזֶּה, זְמַן
חֵרוּתֵנוּ בְּאַהֲבָה מִקְרָא קֹדֶשׁ זֵכֶר לִיצִיאַת
מִצְרָיִם, כִּי בָנוּ בָחַרְתָּ וְאוֹתָנוּ קִדַּשְׁתָּ מִכָּל
הָעַמִּים (וְשַׁבָּתוֹת) וּמוֹעֲדֵי קָדְשְׁךָ (בְּאַהֲבָה
וּבְרָצוֹן) בְּשִׂמְחָה וּבְשָׂשׂוֹן הִנְחַלְתָּנוּ, בָּרוּךְ אַתָּה
יְיָ מְקַדֵּשׁ (הַשַּׁבָּת וְ) יִשְׂרָאֵל וְהַזְּמַנִּים:

Benedetto Tu, o Signore, Dio nostro, Re del mondo che ci scegliesti tra tutti i popoli e ci elevasti su tutte le nazioni, ci santificasti con i Tuoi precetti e ci desti, Signore nostro Dio, con amore (Sabati per il riposo) ricorrenze per la gioia e feste e momenti per la letizia; e questo giorno (di Sabato e giorno) della festa delle mazzot, questo giorno di festività di santa adunanza, tempo della nostra libertà, con amore, santa convocazione in ricordo dell'uscita dall'Egitto; poiché noi hai scelto e noi hai santificato tra tutti i popoli e ci hai dato come retaggio (i Sabati e) le sante ricorrenze (con amore ed intenzione), con gioia e con letizia.

Benedetto Tu, o Signore, che santifichi (il Sabato,) Israel e le ricorrenze.

Se si è all'uscita del Sabato si recita l'Avdalà per segnare il passaggio, la separazione che comunque esiste tra il Sabato ed il moed, tra la santità del Sabato e quella del moed.

קַדֵּשׁ

Kiddush

I partecipanti riempiono reciprocamente il primo calice di vino. Nessuno versa per se stesso: in questa serata tutti sono serviti come re!

I quattro calici che si bevono nel corso del seder sono in rapporto a Esodo VI - 6,8 in cui il Signore promette agli ebrei di:

1) *sottrarli alle angherie degli egiziani;*

2) *liberarli dalla schiavitù;*

3) *portarli via con la Sua forza;*

4) *eleggerli come Suo popolo.*

La quinta assicurazione, di farli entrare nella Terra Promessa, è simboleggiata dal calice del profeta Elia.

Si coprono le azzime, come si farà ogni altra volta che nel seder si benedirà il vino.

Questa sera, unica volta nell'anno, il Kiddush si recita seduti.

Il venerdì sera si inizia da:

(יוֹם הַשִּׁשִּׁי) וַיְכֻלּוּ הַשָּׁמַיִם וְהָאָרֶץ וְכָל־צְבָאָם:
וַיְכַל אֱלֹהִים בַּיּוֹם הַשְּׁבִיעִי מְלַאכְתּוֹ אֲשֶׁר עָשָׂה
וַיִּשְׁבֹּת בַּיּוֹם הַשְּׁבִיעִי מִכָּל־מְלַאכְתּוֹ אֲשֶׁר עָשָׂה:
וַיְבָרֶךְ אֱלֹהִים אֶת יוֹם הַשְּׁבִיעִי וַיְקַדֵּשׁ אוֹתוֹ כִּי
בוֹ שָׁבַת מִכָּל־מְלַאכְתּוֹ אֲשֶׁר בָּרָא אֱלֹהִים
לַעֲשׂוֹת:

(...sesto giorno.) Furono completati il cielo e la terra e tutto ciò che contengono. Ed il Signore completò nel settimo giorno l'opera che aveva fatto e cessò nel settimo giorno da tutta l'opera che aveva fatto. E benedisse il Signore il settimo giorno e lo santificò poichè in esso aveva cessato da tutta la Sua opera che aveva creato il Signore nel farla.

Gli altri giorni si inizia da:

אֵלֶּה מוֹעֲדֵי יְהֹוָה מִקְרָאֵי קֹדֶשׁ אֲשֶׁר תִּקְרְאוּ
אֹתָם בְּמוֹעֲדָם:

Il piatto del seder

Al ritorno dal Bet hakeneset i convitati trovano la tavola sontuosamente preparata, ma non come sempre.

Al centro troneggia il "piatto del seder" ed al suo centro **tre mazzot shemurot** *coperte, preparate sotto strettissimo controllo sia della lavorazione che del grano necessario, fin dalla mietitura. Pane del povero, segno di servitù, evocazione di una partenza precipitosa verso la libertà che non lasciò "alla pasta il tempo di fermentare".*

Intorno alle mazzot, a corona, altri simboli:

davanti il Karpas, verdura, in genere **sedano***; subito dietro il Maror,* **lattuga** *dalle foglie amare come l'amarezza della vita di Israele in Egitto; vicino il* **Haroset***, pasta brunastra in cui si mischiano mele, mandorle, datteri, noci, prugne secondo le tante tradizioni ad imitazione della calce e dell'argilla dei mattoni pretesi dal faraone dai suoi schiavi;*

poi lo **zampetto***, cioè un osso di capretto con attaccata un po' di carne, arrostito sul fuoco, evoca l'agnello dell'antico sacrificio pasquale; mentre alla sua sinistra un* **uovo sodo** *(un tempo cotto nella cenere) rappresenta secondo alcuni il sacrificio di Moed che si faceva al Tempio di Jerushalaim mentre secondo altri ci ricorda il lutto, anche nella gioia, per la distruzione del Tempio.*

*Fuori del piatto dell'***aceto** *o dell'acqua salata.*

I posti non sono apparecchiati, sono solo segnati dalla Haggadà e da un calice per il vino.

A quattro riprese, nel corso della cerimonia ognuno vuoterà il proprio, testimonianza di felicità e gratitudine nei confronti del Signore...

Al calare della sera, la cerimonia comincia e si dipana secondo l'ordine, "il seder", prescritto...

Adattato da: Gugenheim, Le Judaisme dans la Vie quotidienne.

uovo sodo   **zampetto**

3 mazzot

haroset (impasto)   **maror (lattuga)**

karpas (sedano)

aceto (fuori del piatto)

ב   2

סדר ביעור חמץ

Ricerca del Hamez.

La sera prima della vigilia di Pesah, dopo il tramonto,
come atto conclusivo delle pulizie effettuate per
adempiere alla mizvà di eliminare dalle nostre case
tutto il hamez cioè qualunque cibo lievitato, si procede,
a lume di candela, ad un'ultima ricerca.

Lo scopo di questa ricerca è soprattutto educativo: per
questo, e per evitare di pronunciare invano una
benedizione, dieci pezzetti di pane verranno nascosti in
ogni ambiente di casa. Saranno i bambini a ritrovarli, in
un atmosfera gioiosa che preannuncia la festa.

Se Pesah inizia alla fine del Sabato la ricerca viene fatta
la sera del giovedì. Prima di iniziare la ricerca si dice:

בָּרוּךְ אַתָּה יְיָ אֱלֹהֵינוּ מֶלֶךְ הָעוֹלָם אֲשֶׁר קִדְּשָׁנוּ
בְּמִצְוֹתָיו וְצִוָּנוּ עַל בִּעוּר חָמֵץ:

Benedetto Tu, o Signore, Dio nostro, Re del mondo che
ci hai santificato con i Tuoi precetti e ci hai comandato
lo sgombro del hamez.

Terminata la ricerca, il hamez trovato viene
accantonato fino al mattino dopo aver detto, anche in
italiano perchè tutti capiscano:

כָּל חֲמִירָא דְּאִכָּא בִרְשׁוּתִי דְּלָא חֲמִיתֵיהּ וּדְלָא
בִיעַרְתֵּיהּ לֶהֱוֵי בָטִיל וְחָשִׁיב כְּעַפְרָא דְאַרְעָא:

Qualunque cibo lievitato che ancora sia in mio possesso
e che mi sia sfuggito e non lo abbia sgombrato, sia reso
nullo e considerato polvere di terra.

La mattina seguente, il hamez accantonato la sera
prima viene bruciato utilizzando per il fuoco il Lulav ed
i rametti di salice con cui si è già adempiuta una mizvà
a Succot. Bruciandolo si dice, anche in italiano:

כָּל חֲמִירָא דְּאִכָּא בִרְשׁוּתִי דַּחֲמִיתֵיהּ וּדְלָא
חֲמִיתֵיהּ דְּבִיעַרְתֵּהּ וּדְלָא בִיעַרְתֵּיהּ לֶהֱוֵי בָטִיל
וְחָשִׁיב כְּעַפְרָא דְאַרְעָא:

Qualunque cibo lievitato che ancora sia in mio possesso,
che lo abbia visto o che mi sia sfuggito, che lo abbia
sgombrato o meno, sia reso nullo e considerato polvere
di terra.

Dedicato

a tutti coloro che

ponendo domande

stimolano

lo studio

e

le risposte.

Haggadà di Pesach di www.torah.it
Traduzione, note e realizzazione di David Pacifici

© 2004, David Pacifici, www.torah.it
Codice ISBN: 9798440794115
Casa editrice: Independently published

Saranno apprezzati commenti, suggerimenti e correzioni, nonché idee o materiale da includere in una seconda edizione.

Scrivere a studia@torah.it

rev. 2 / 2007

Ci scusiamo con gli utilizzatori di questa Haggadà
per la numerazione in ordine latino e non ebraico delle pagine
che ci è stata imposta da Amazon
la quale ha inoltre preteso il codice Iban
sulla prima di copertina del libro ebraico.

Impara a cantare

la Haggadà di Pesach

Visita la pagina di Pesach

del sito www.torah.it

Haggadà di Pesah
di www.torah.it

Traduzione e annotazioni di David Pacifici.

Edizione in vendita su Amazon

Gerusalemme, Pesah 5782 - 2022

Printed in Great Britain
by Amazon

59209104R00040